RADELZEIT IN & UM BERLIN

Herrlich entspannte Touren zum Runterschalten & Genießen

Inka Chall

INKA CHALL

Mit Anfang zwanzig zog es mich nach Berlin, wo mein Großvater aufwuchs, der tolle Geschichten erzählen konnte. Nach dem Studium der Kultur- und Afrikawissenschaften und vielen Reisen tauschte ich die fernen Länder gegen Brandenburg ein und liebe es heute, den »grünen Vorgarten Berlins« per pedes und pedales zu entdecken. Als Autorin und Redakteurin schreibe ich darüber in Reiseführern und auf meinem Blog blickgewinkelt.de.

Meine persönliche Radelweisheit:

» **Gegenwind formt den Charakter.**

LIEBE LESERIN, LIEBER LESER,

wer sich nicht mit dem Rad ins Großstadtgetümmel traut: Auf diesen Touren wird's garantiert nicht hektisch. Es geht auf grünen Bändern durch Stadt und Stadtwald, an herrlichen Seen vorbei und über die Stadtgrenze nach Brandenburg. Wir stoppen an verrückten Geschichtsorten, schrägen Film-Locations, gemütlichen Badestellen und besten Aussichten und kehren in hübsche Höfe mit den leckersten Torten ein.

Erobern wir uns also Stadt und Land neu, denn was gibt's Schöneres, als sich aus eigener Kraft fortzubewegen und Sonne und Fahrtwind im Gesicht zu spüren?

Eine herrlich entspannte Zeit wünscht

Inka Chall

INHALT

UND SONST SO?

UNTERWEGS AUF DEN SCHÖNSTEN STRECKEN …

DURCH DIE WASSERSTADT

» Spandau kann was! Einfach mal die neuen Radwege an der schönen Promenade ausprobieren – hier will man bleiben. Tour 5, von Spandau nach Tegel, S. 54

AUF UND AB

» Wer hätt's gedacht, im Grunewald geht es ganz schön bergig zu, und auf manchen Strecken kommt so richtig Fahrtwind auf. Tour 3, an Havel und Wannsee entlang, S. 34

IM LILA MEER

» Normalerweise geht's nur zu Fuß durch sandige Heide. In der Schönower Heide lässt sich der Kiesweg allerdings herrlich befahren. Tour 7, von Karow nach Wandlitz, S. 74

ZWISCHEN APFELTRÄUMEN

» Im Frühling ein Blütenmeer, im Herbst leuchten die Äpfel rechts und links paradiesisch am Wegesrand, bereit für die ein oder andere Nascherei. Tour 6, rund um Werder, S. 64

WALDBADEN

» Die typischen Nadel-Monokulturen verwandeln sich im Biesenthal langsam zum herrlichen Mischwald. Nur durchzuradeln ist fast schon zu schade. Tour 13, von Bernau nach Zerpenschleuse, S. 134

IN BULLERBÜ

» Fotoapparat bereithalten, denn es geht an unzähligen pittoresken, reetgedeckten Blockbohlenhäusern und Gehöften vorbei. Tour 20, im Spreewald, S. 204

HOCHGEFÜHLE

» Einfach mal richtig in die Pedale treten und durch die Felder fliegen. Der Radweg ist wunderbar gepflegt und gut ausgeschildert. Tour 18, von Luckenwalde nach Jüterbog, S. 184

ALLE TOUREN IM ÜBERBLICK

Chojna
Soldiner See
Soldin
himsthal
imnitzsee
Parsteiner See
Eberswalde
Bärwalde in der Neumark
Neudamm
Bad Freienwalde (Oder)
Vietz
Küstrin an der Oder
POLEN
Strausberg
#10 STADT, LAND, SEE
Seelow
Müncheberg
Drossen
Zielenzig
kner
#9 AM FLUSS ENTLANG
Frankfurt (Oder)
Reppen
Sternberg in der Neumark
Fürstenwalde/Spree
#11 AUF MUNDRAUB-TOUR
#12 RUND UMS MÄRKISCHE MEER
Storkow (Mark)
Wolziger See
Scharmützelsee
Ziebingen
Beeskow
Eisenhüttenstadt
DEUTSCHLAND
Crossen an der Oder
Schwielochsee
Lieberose
Guben
Peitz
Lübbenau/Spreewald
#20 ALLES FLIESST
Luckau
Sommerfeld
Schlabendorfer See
COTTBUS
Forst (Lausitz)

... UND AUCH PAUSE MACHEN NICHT VERGESSEN

WIE IM FILM

» Eine Autobahnunterführung mitten im Wald – wer staunt da nicht Bauklötze, zumal sie auch noch fantastisch bunt ist. Filmgeschichte gibt's obendrauf. Tour 4, Stopp 2, S. 49

BLÜTENRAUSCH

» Wer will da nicht die Arme hochreißen und eine Runde tanzen? Mindestens ein paar Selfies müssen es aber sein – im schönsten Blütenmeer Berlins. Tour 1, Stopp 1, S. 18

IM SCHÖNSTEN STALL

» Der Lebkuchenmann zwinkert aus dem Ofen, und die alte Gewölbedecke lässt zum Brunch mit regionalen Spezialitäten Gemütlichkeit aufkommen. Einfach gut. Tour 15, Stopp 4, S. 160

BIRNE GALORE

» Die leckerste Birnentorte Brandenburgs in der ehemaligen Brennerei Ribbeck genießen und ein bisschen von alter Handarbeit schwärmen. Tour 16, Stopp 5, S. 170

TIERISCH GUT

» Der Hirsch steht still und starrt in die Kamera, bereit, sich ablichten zu lassen. Anschließend laufen noch ein paar Rehe vorbei. Was für ein Erlebnis! Tour 17, Stopp 2, S. 179

IRRE AUSSICHTEN

» Kunst oder Geschichte? Beim Anblick der alten Spitzbunker zwischen den Wohnhäusern kommt man ins Grübeln – und kann den Anblick nicht wirklich fassen. Tour 19, Stopp 2, S. 199

ZEITSPRUNG

» Von der Holzbrücke über reetgedeckte Häuser schauen und Kähnen zuwinken – so wird's wohl schon vor hundert Jahren gewesen sein. Tour 20, Stopp 2, S. 208

EINFACH LOSRADELN

DIE RADELPAUSEN
» START
S-Bahnhof Lichterfelde Süd
KM 1
1
TV-Asahi-Allee
Unter Blüten träumen
KM 5
2
Lilienthalpark
Fliegerlegenden in Pink
KM 15
3
Waldgelände Lichtenrade
Kaffeepause an der Streuobstwiese

1 KIRSCHBLÜTE SATT

Auf dem südlichen Berliner Mauerweg

Mit Anlauf in den Frühling! Die Ungeduld aufs satte Grün und laue Sommertage steigt – was gibt es da Besseres, als die ersten Boten der schönen Jahreszeit zu bewundern. Auf dieser Tour locken mehrere Stopps mit fotogenen Blütenträumen.

KM 26
4 Dörferblick Rudow
Ausblick mit BER

KM 38
5 Späth'sche Baumschulen
Pflanzenshopping mit leckerer Einkehr

KM 44
6 Dreiländer-Eck
Blütenspaziergang mit Musikeinlage

KM 46 » ZIEL
S-Bahnhof Treptower Park

LANDLUFT IN DER NASE

Der südliche Mauerweg ist einer der schönsten Abschnitte der 160 Kilometer langen Route, die die ehemalige Berliner Mauer rund um West-Berlin nachzeichnet, denn es geht vor allem: ins Grüne! Angesichts der Felder, Wälder und Pferdekoppeln und mit der Landluft in der Nase ist es kaum zu glauben, dass man sich nicht mitten auf dem Land befindet. Das Tagpfauenauge flattert lustvoll vorbei, und ein Habicht kreuzt den Weg. Am Ende landet man wieder mitten in der Stadt und kann an schönen Sonnentagen zu Straßenmusik im Dreiländer-Eck flanieren oder sich ans Ufer des Landwehrkanals setzen.

DER SCHÖNSTE MOMENT: IN VOLLER FAHRT UNTERM BLÜTENMEER DURCHBRAUSEN

Auf dem gesamten Mauerweg gibt es immer wieder Erinnerungsstelen mit Beschreibungen zur Berliner Mauer sowie den Geschehnissen um die Eiserne Grenze. Beim Weiterfahren durch die schönen Landschaften lassen sich die Geschichten verdauen.

Besonders im Frühling verzaubert die Tour mit dem zarten Grün der vielen Birkenwälder und leuchtenden gelben Rapsfeldern bei Marienfelde und Lichtenrade. Der Dörferblick bei Schönefeld muss auf 86 Metern erklommen werden; oben lockt nicht nur die Aussicht über Gropiusstadt und Rudow, sondern auch zur anderen Seite über den Hauptstadt-Flughafen BER. Dort oben lässt es sich herrlich picknicken, bevor es ins Großstadtgetümmel geht. Doch der Fahrradweg ist auch hier wunderbar ausgebaut, und so warten am Ende der Runde noch einige Highlights.

Was nur wenige wissen: Am gesamten südlichen Mauerweg entlang wimmelt es von Kirschbäumen, die zur richtigen Zeit im April/Mai wie ein pinkes Meer aussehen. Natürlich kann man die Tour auch an einem schönen Sommertag oder im bunten Herbst unternehmen – es gibt genug zu schauen. Ein ganz besonderes Erlebnis wird der Mauerweg aber zur Pretty-in-Pink-Zeit der Sakura, wie die Kirschblüte in Japan genannt wird.

Für die vielen lehrreichen, interessanten und bezaubernden Stopps sollte man also unbedingt genügend Zeit einplanen.

Stets präsent: Gedenkstelen und Mahnmale entlang der ehemaligen Mauer Berlins

Berlin kann manchmal sogar Fahrradwege

Landidylle bei Neukölln

RADELN & GENIEßEN

S-Bahnhof Lichterfelde Süd

Die Fürstenstraße nach Süden nehmen und in den Holtheimer Weg einbiegen. Dann 550 Meter geradeaus.

KM 1

1 TV-Asahi-Allee

Unter Blüten träumen

Wer zum allerbesten Kirschblütenzeitpunkt kommt, sollte sich besser einen frühen Morgen oder nicht gerade das Wochenende aussuchen. Die TV-Asahi-Kirschblütenallee mit rund tausend Kirschbäumen in Lichterfelde ist mittlerweile ein Star unter den Kirschblütenspots Berlins. Sie wurde anlässlich des Mauerfalls von Japaner:innen gespendet und ist die längste Kirschblütenallee Berlin-Brandenburgs. Die Blütenpracht beginnt im April und dauert lediglich zwei Wochen. Aufgrund der unterschiedlichen Witterung verschiebt sich die Blüte auch mal um drei Wochen nach vorne oder hinten. Wer die beste Zeit nicht verpassen will, schaut auf den Kirschblütenticker der Stadt Teltow auf Instagram und der Webseite (teltow.de). Tipp: Unbedingt einen Tee mitnehmen und das japanische Flair auf einer Picknickdecke genießen!

Der Kirschblütenallee nach Süden folgend, geht es nach zwei Kilometern links auf einen guten, aber leicht sandigen Weg mit einigen Schlaglöchern. Nach weiteren zwei Kilometern den Abzweig nach links auf die Schütte-Lanz-Straße nehmen. Nach 700 Metern erreicht man den Lilienthalpark.

Fast schon unwirklich schön ist die TV-Asahi-Allee während der Kirschblüte im Frühling

Die Kirschbäume im Lilienthalpark bilden im Frühling ein pinkes Blütenmeer

Am Waldgelände Lichtenrade blühen die Apfel- und Birnbäume

2 Lilienthalpark
Fliegerlegenden in Pink

Kaum zu glauben, dass die ganze Fliegerei erst vor etwas über hundert Jahren angefangen hat. Darüber sinniert man am besten im Lilienthalpark, der nur einen kurzen Schlenker vom Mauerweg entfernt liegt. 1894 ließ der Flugpionier Otto Lilienthal hier einen 15 Meter hohen Fliegeberg errichten, um seine Gleitflug-Experimente durchzuführen, und erreichte damit bis zu 80 Meter Flugweite. Nach dem Tod Lilienthals wurde der Park angelegt und auf dem Fliegeberg, der heute auf zwölf Meter geschrumpft ist, eine runde Säulenhalle mit Denkmal errichtet. Von dort bietet sich ein wunderbarer Ausblick über Lichterfelde, insbesondere im Frühling, wenn die vielen Kirschbäume ein Meer aus Pink ergeben. Gleitschirmflüge kann man allerdings nicht mehr unternehmen.

Zurück auf den Mauerweg, der nun an Feldern in leichtem Zickzack nach Südosten führt. Für die Überquerung der Marienfelder Allee ein kleines Stück nach links abbiegen. Direkt hinter dem Kirchhainer Damm knickt der Weg nun auf sandigem Boden nach Norden ab – einfach den kleinen Schildern mit dem grünen Fahrrad folgen.

KM 15

3 Waldgelände Lichtenrade
Kaffeepause an der Streuobstwiese

Nur eines von vielen Highlights dieses Abschnitts ist die schöne Streuobstwiese, die mit ihren Apfel- und Kirschblüten wie ein Bullerbü-Träumchen wirkt. Hier möchte man es sich sofort gemütlich machen. Gut, wenn man die Picknickdecke nicht in der Kirschblütenallee vergessen hat und sich eine Weile niederlassen kann. Für wen die Pause zu früh kommt, der fährt noch ein Stück weiter und findet bald diverse Möglichkeiten am Wegesrand der Felder, die im Frühjahr rapsgelb blühen, oder lässt sich in einem der verwunschenen Birkenwäldchen nieder.

Immer am Feldrand entlang Großziehten umfahren, in Buckow weiter auf der Grenzstraße. Wenn rechter Hand wieder das Grün auftaucht, knickt der Mauerweg nach rechts ab. Dann geht es scharf links zur Waßmannsdorfer Chaussee. Hier nach 50 Metern links abbiegen. Am Parkplatz startet der Weg zum Dörferblick.

Die ehemalige Mülldeponie bietet einen herrlichen Rundumblick

KM 26

4 Dörferblick Rudow

Ausblick mit BER

Zugegeben, die 86 Höhenmeter zu erklimmen, ist nicht ganz leicht. Wer mag, schließt sein Fahrrad deshalb am Fuß des Hügels an oder schiebt. Doch der Weg lohnt sich unbedingt: Nicht nur hat man von dem Trümmerberg und der ehemaligen Müllhalde einen wunderbaren Ausblick auf Gropiusstadt und ins Grüne, sondern auch auf den Hauptstadtflughafen Berlin-Brandenburg Willy Brandt. Die Müllhalde entstand übrigens durch pure Not, war West-Berlin doch nach dem Mauerbau von den brandenburgischen Müllhalden abgeschnitten. In den 1970er-Jahren wurde sie dann zum Naherholungsgebiet umgebaut, von dem man gut den Grenzstreifen sehen und sich bewusst werden konnte, dass beim Geradeauslaufen in West-Berlin immer irgendwann eine Mauer im Weg stand.

Zurück auf dem Weg die letzten Meter im Grünen genießen, denn schon bald liegt rechter Hand die A113, und es wird städtisch. Nach Überquerung des Teltow-Kanals und der scharfen Abfahrt nach unten über die mehrspurige Straße am Ernst-Ruska-Ufer zurück zum Teltowkanal, um den bequemen Radweg zwischen Kanal und A113 zu nehmen. Rechts in die Johannisthaler Chaussee, dann links in den Ligusterweg bis zur Späthstraße, dort rechts.

KM 38

5 Späth'sche Baumschulen

Pflanzenshopping mit leckerer Einkehr

Am besten schaut man nur mit kleinem Fahrradkörbchen bewaffnet vorbei, sonst könnte es sein, dass die Kauflust mit einem durchgeht. Die Baumschule in der Späthstraße 80 in Treptow wurde vor über 300 Jahren als Gärtnerei gegründet und war um 1900 die größte Baumschule der Welt. Zu ihr gehören ein 1874 errichtetes Herrenhaus, der Baumschulen-Verkauf, verschiedene Schaugärten sowie ein Kräuter- und Skulpturengarten. Den »Kräuter, Kunst, Krempel«-Laden sollte man keinesfalls verpassen – für all die schönen Spaliere, Emaille-Eimer, Milchkannen, Kräuter und alten Schilder möchte man am liebsten nochmal mit einem Anhänger vorbeikommen. Zum Schlemmen geht's dann ins Späth'sche Gasthaus. Dort kann man beim Essen die bunte Pflanzenvielfalt um sich herum betrachten (www.spaethsche-baumschulen.de).

Gegenüber dem Eingang der Baumschule in die Chris-Gueffroy-Allee, rechts in die Neuköllnische Allee und nach 200 Metern links dem Fahrradweg am Heidekampgraben folgen, bis dieser die Kiefholzstraße erreicht. Dieser nach links folgen, dann in die Treptower Straße links und an der zweiten Straße rechts in die Harzer Straße. Dieser folgen bis zum Dreiländer-Eck am Wasser.

Spargelzeit in der ältesten Baumschule Berlins

Überall Blütenpracht: Pflanzenfans planen besser einen längeren Stopp ein

EXTRA INFOS:

Beim ● **Biotop Marienfelder Feldmark** lohnt sich ein kurzer Stopp mit Blick auf die Felder und ins Biotop.

Bei Kilometer 43 in der Heidelberger Straße der Elsenstraße rechts zehn Meter folgen. Die kurze ● **Kirschblütenallee im Mini-Park** wird gerne übersehen, hier ist man tatsächlich fast allein mit der Pracht.

KM 44

6 Dreiländereck

Blütenspaziergang mit Musikeinlage

Am Eck zwischen Kreuzberg, Neukölln und Treptow fühlt man sich bereits wieder wie mitten im trubeligen Berlin. An schönen Tagen wird die Sonne genossen und flaniert, Straßenmusik schallt aus jeder Ecke. Zwischen Lohmühlenplatz und der Wagenburg Lohmühle stehen auf etwa 400 Metern erneut viele Kirschbäume – ein Grund, weshalb die Gegend so beliebt ist.
Wer etwas Kaffee übrig hat, kann sich direkt ans Wasser setzen, die chillige Atmosphäre in sich aufnehmen und den verschiedenen Klängen und Liedern lauschen. Außerdem laden zahlreiche Cafés in der Nähe zum Verweilen ein. Der Eiswagen lässt sich ebenfalls ab und an blicken. Danach lohnt sich noch ein Besuch im nahegelegenen Treptower Park.

Der Lohmühlenstraße am Wasser entlang gen Nordwesten bis zur Treptower Brücke folgen, dann quer durch den kleinen Park Schlesischer Busch über die Puschkinallee hinweg zur Eichenstraße. 100 Meter Richtung Norden fahren und rechts in die Martin-Hoffmann-Straße biegen.

KM 46 » ZIEL

S-Bahnhof Treptower Park

Bei schönem Wetter ist am Dreiländer-Eck viel los, inklusive Musikeinlagen

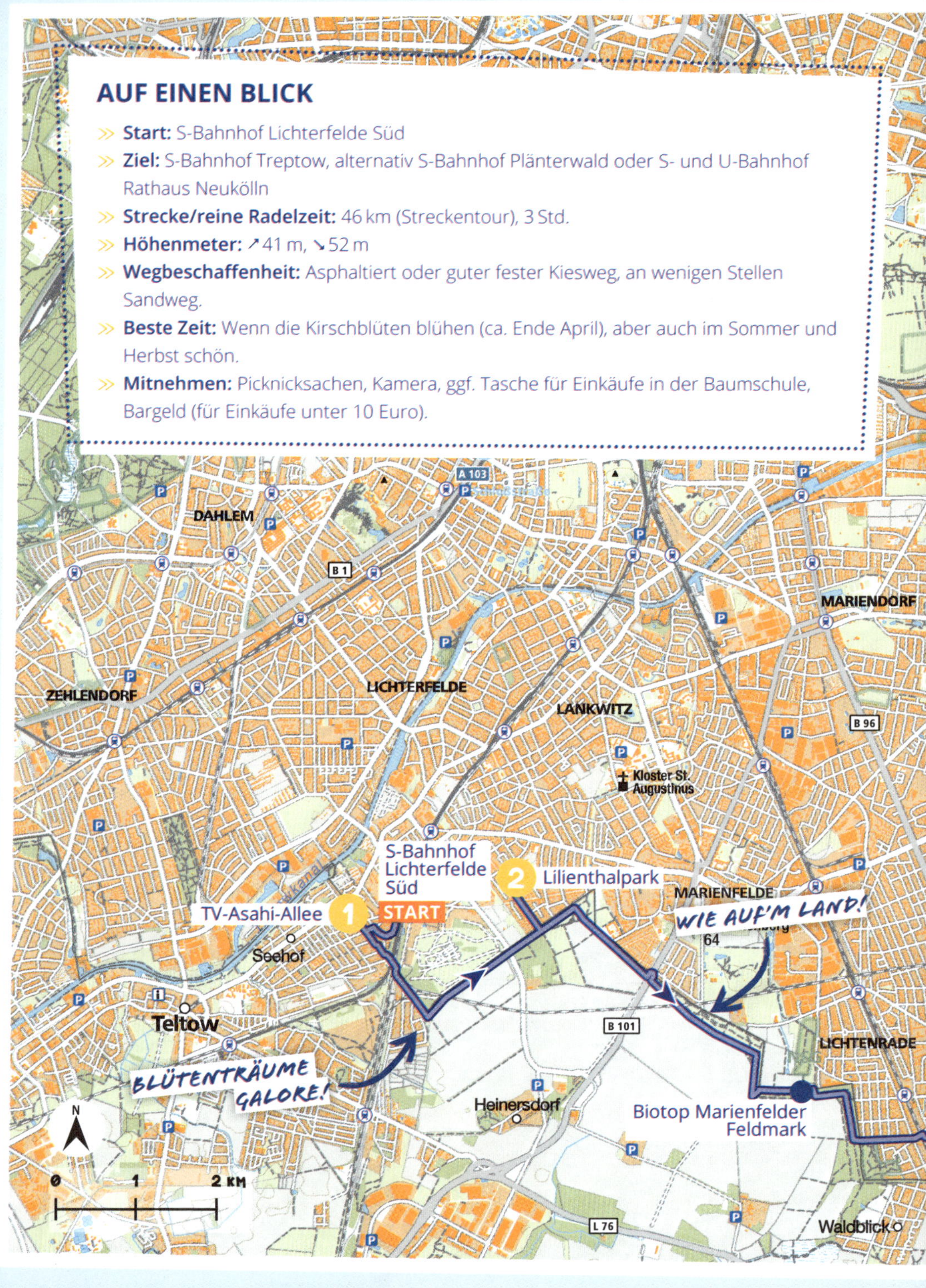

AUF EINEN BLICK

- **Start:** S-Bahnhof Lichterfelde Süd
- **Ziel:** S-Bahnhof Treptow, alternativ S-Bahnhof Plänterwald oder S- und U-Bahnhof Rathaus Neukölln
- **Strecke/reine Radelzeit:** 46 km (Streckentour), 3 Std.
- **Höhenmeter:** ↗ 41 m, ↘ 52 m
- **Wegbeschaffenheit:** Asphaltiert oder guter fester Kiesweg, an wenigen Stellen Sandweg.
- **Beste Zeit:** Wenn die Kirschblüten blühen (ca. Ende April), aber auch im Sommer und Herbst schön.
- **Mitnehmen:** Picknicksachen, Kamera, ggf. Tasche für Einkäufe in der Baumschule, Bargeld (für Einkäufe unter 10 Euro).

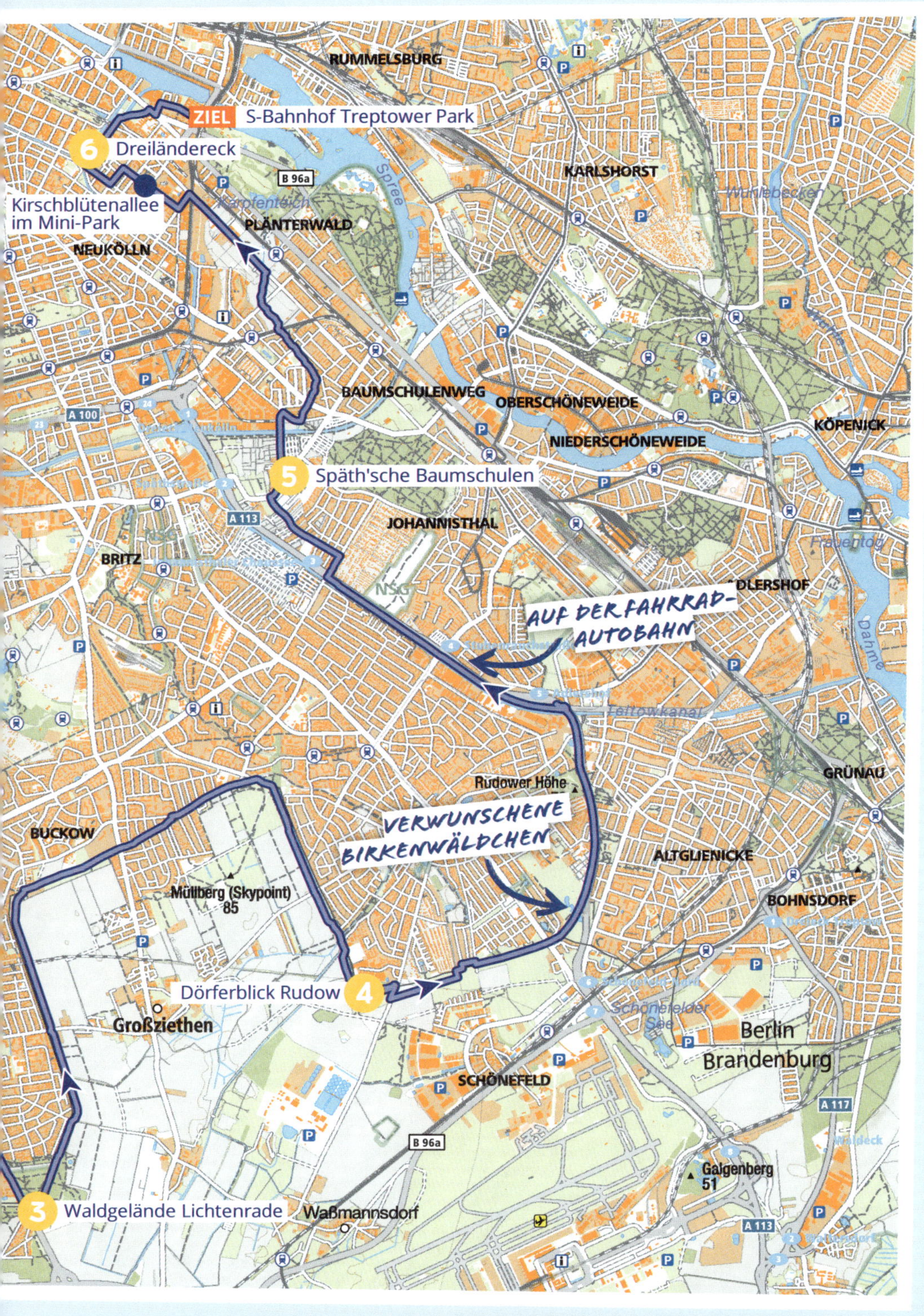

ZIEL S-Bahnhof Treptower Park
6 Dreiländereck
Kirschblütenallee im Mini-Park
5 Späth'sche Baumschulen
AUF DER FAHRRAD-AUTOBAHN
VERWUNSCHENE BIRKENWÄLDCHEN
4 Dörferblick Rudow
3 Waldgelände Lichtenrade
RUMMELSBURG
KARLSHORST
PLÄNTERWALD
NEUKÖLLN
BAUMSCHULENWEG
OBERSCHÖNEWEIDE
NIEDERSCHÖNEWEIDE
KÖPENICK
JOHANNISTHAL
BRITZ
ADLERSHOF
GRÜNAU
BUCKOW
Rudower Höhe
ALTGLIENICKE
BOHNSDORF
Müllberg (Skypoint) 85
Großziethen
SCHÖNEFELD
Berlin Brandenburg
Galgenberg 51
Waßmannsdorf
Spree
Dahme
Teltowkanal
Karpfenteich
Wuhlebecken
B 96a
A 100
A 113
A 117

DIE RADELPAUSEN

» START
S-Bahnhof Ahrensfelde

KM 2
1 Landschaftspark Wuhletal
Den Highlandrindern zuwinken

KM 6
2 Gärten der Welt
Zur einzigen Gondelbahn Berlins

KM 11
3 Schloss Biesdorf
Fürstlich einkehren

IM GRÜNEN BAND BERLINS

2

Im Wuhletal zwischen Ahrensfelde und Köpenick

Das Wuhletal im Osten Berlins ist eine grüne Entdeckung. Fast noch mitten in der Stadt, zwischen Wohnanlagen und Hochhausvierteln, verläuft dieses wunderbar grüne Band von Ahrensfelde bis nach Köpenick mit einigen spannenden Unterbrechungen.

DIE WUHLE HAT VIELE GESICHTER

Mal breit, mal schmal, mal nur ein Rinnsal, mal komplett verschilft. Entlang des kleinen Flusses erstreckt sich heute ein grünes Band mit erstaunlicher Vielfalt, die es zu entdecken lohnt. Und wie schnell man von der Stadt ins Grün eintauchen kann!

Es geht durch Wiesenlandschaften und durch kleine Flussauen, sogar einige Highlandrinder sind entlang des Weges zu sehen. Das Tal entstand ursprünglich durch eine eiszeitliche Schmelzwasserrinne, und viele wunderbare lauschige, schattige und sonnige Plätze laden auf dieser Tour zum Verweilen ein. Also besser jede Menge zum Picknicken einpacken, auch, auch wenn im Schloss Biesdorf eine leckere Zwischenmahlzeit mit hübscher Parkaussicht lockt. Der Weg ist perfekt ausgebaut und gut ausgeschildert, allerdings wird er mit Fußgänger:innen geteilt.. Manchmal sind davon nicht gerade wenige unterwegs, denn das Kleinod hat sich längst herumgesprochen. Daher lieber gemütlich fahren, aber das ist ja ohnehin viel schöner.

DER SCHÖNSTE MOMENT: SEILBAHNGONDELN GLEITEN ÜBER DEN KOPF HINWEG, UND DAS GLÜCKLICHE WINKEN WIRD ERWIDERT

Für die Stopps sollte man besser reichlich Zeit einplanen: In den Gärten der Welt lässt sich auch ein ganzer Tag verbringen. Auf gar keinen Fall das Gutshaus Mahlsdorf verpassen, denn hier gibt es wirklich viele wundersame Dinge zu erleben. In Köpenick wird es zum Abschluss wieder städtisch und trubelig, daher gibt es hier noch einen Tipp für ein entspanntes Café, um den Tag in Ruhe Revue passieren zu lassen.

Der Wuhletalweg führt direkt unterhalb der einzigen Seilbahn Berlins entlang

Ein toller Radweg im Grünen und das mitten durch die Stadt – ein schönes Beispiel, wie es auch in anderen Ecken Berlins sein könnte. Wer genügend Zeit mitbringt, kann die Tour mit der Dahme-Route (Tour 8) kombinieren. «

Gegensätze: Der Wuhletalweg schlängelt sich durch dicht besiedeltes Gebiet

Viele Pausenmöglichkeiten auf dem Weg

Die Wuhle ist mal mehr, mal weniger sichtbar und teils dicht bewachsen

RADELN & GENIEẞEN

S-Bahnhof Ahrensfelde

Am Bahnhof ein Stück nach Süden fahren, die Märkische Allee überqueren und in die Havemannstraße einbiegen. Nach 800 Metern hinter den Straßenbahnschienen rechts in den Fernradweg einbiegen. Nach weiteren 700 Metern stößt der Weg auf die Wuhle und führt nach links. Jetzt geht's immer entlang der Wuhle im Bogen Richtung Süden. Ab und zu muss die Seite gewechselt werden, dafür auf die Radwegschilder achten.

Wer beobachtet hier wen?

Landschaftspark Wuhletal

Den Highlandrindern zuwinken

Kunstwerke stehen am Eingang des Landschaftsparks und Holzbänke laden zum Sitzen ein. Einige Meter weiter liegen ein paar dösige Highlandrinder herum, die zur Landschaftspflege eingesetzt werden, damit die Wiesen nicht verbuschen. Was für eine Überraschung, so ein schönes grünes Flecken nur ein paar Minuten von den Hochhäusern entfernt zu finden. Da lohnt sich bereits ein Schluck Kaffee aus der Kanne, während man die zotteligen Rinder bestaunt, denen die Gesellschaft offenbar egal ist.

Wer den sehenswerten Gärten der Welt einen Besuch abstatten will, nimmt ein paar hundert Meter vor der Seilbahn den barrierefreien Zickzackweg nach links und fährt am Parkplatz rechts bis zum Eingang.

KM 6

2 Gärten der Welt
Zur einzigen Gondelbahn Berlins

Der erst 1987 errichtete Park (www.gaertenderwelt.de) besteht aus verschiedenen Themengärten, die durch die ganze Welt führen und jeweils einen ganz eigenen Reiz versprühen. Dabei kommen nicht nur Blumenliebende auf ihre Kosten. Sehr beeindruckend ist der mosaikverzierte Saal des Orientalischen Gartens, auch der Koreanische Garten bezaubert mit schönen Mauern und Höfen. Ob Bali, Japan, italienische Renaissance, Christen- oder Judentum: Hier wird durch verschiedene Epochen und Länder gewandelt, Traditionen und Religionen mischen sich mit fantastischer Blumen- und Pflanzkunst. Zur Internationalen Gartenausstellung 2017 wurde die einzige Gondelbahn der Hauptstadt errichtet. Auf 1,5 Kilometern führt sie vom Kienbergpark zur Mittelstation Wolkenhain und weiter in den Park hinein mit toller Rundumsicht über die Gärten und Berlin. Ein Besuch lohnt sich alleine schon dafür.

Weiter an der Wuhle entlang bis zur B1 und rechts abbiegen. Nach 1,5 Kilometern liegt rechter Hand das Schloss und der Landschaftspark Biesdorf.

Die Seilbahn bietet tolle Ausblicke und lohnt einen Abstecher

3 Schloss Biesdorf
Fürstlich einkehren

Das Schloss Biesdorf (schlossbiesdorf.de) erstrahlt im schönen Landschaftspark in Altrosa. Mit Türmchen und kleinem Säulengang bekommt man sofort Lust, dieses Kleinod im Stil des Spätklassizismus vom Schlosspark aus verschiedenen Perspektiven zu bestaunen. Gebaut 1868 und denkmalgerecht saniert, wird es heute als Galerie mit wechselnden Ausstellungen und einem Café genutzt. Die kleine, aber sehr feine Auswahl von Kuchen bis Quiche ist sehr empfehlenswert. Wer früh genug kommt, kann auch einen herrlichen Brunch genießen – am besten auf der schönen Terrasse (www.cafeschlossbiesdorf.de).

Auf gleichem Weg zurückfahren. Kurz vor der Wuhle in den Möwenweg rechts einbiegen, dann links An den Grachten entlang und gleich den nächsten Trampelpfad links hinein, der über die Wuhle führt. Weiter geradeaus bis zur Chemnitzer Straße, diese überqueren, ein Stück nach links und in die Straße Am Niederfeld einbiegen. Diese immer geradeaus fahren. Zur Linken erhebt sich ein erstaunlich großer Hügel. Genau auf dem Höhepunkt liegt der Berliner Balkon.

Im Café des restaurierten Schloss Biesdorf bietet sich eine kleine Einkehr an

KM 16

4 Berliner Balkon
Kurzes Päuschen mit Aussicht

Wer das mit dem Berliner Urstromtal nicht mehr ganz drauf hat: Macht nichts, auf dem Berliner Balkon kann man sich selbst ein Bild machen, denn hier trifft das niedrige Urstromtal auf die Barnimhochfläche, weshalb man entweder ganz schön in die Pedale treten oder vielleicht doch gleich schieben muss, um oben anzukommen. Das Zusammentreffen der eiszeitlichen Züge ist hier besonders gut sichtbar. Das Holzkunstwerk am Aussichtspunkt erinnert an die Bockwindmühle, die dort von 1808 bis 1936 stand. Inzwischen ist die Fläche Landschaftsschutzgebiet. Eine Rast ist eher von kurzer Dauer, denn die nahe gelegene Bundesstraße ist dann doch etwas laut.

Zurück an der Elsenstraße ein Stück weiterfahren, dann den Hutschiner Damm links einbiegen. Nach 200 Metern liegt das Gutshaus Mahlsdorf auf der linken Seite.

Der Berliner Balkon blickt vom Barnim aufs Urstromtal

1920er-Jahre, Musik, Transgeschichte und ein bisschen Steam Punk im Gutshaus Mahlsdorf

KM 17

5 Gutshaus Mahlsdorf
Skurrilen Musikmaschinen lauschen

Sie war eine der ersten berühmten Transfrauen der DDR. Wer ins Gutshaus kommt, erlebt jedoch nicht ihre persönliche Geschichte, sondern Charlotte von Mahlsdorfs größtes Vermächtnis: ihr Gründerzeitmuseum, dessen Inventar sie in vielen Jahren zusammengetragen hat (www.gruenderzeitmuseum-mahlsdorf.de). Absolutes Highlight neben den 18 sorgfältig ausgestatteten Zimmern sind die verschiedenen Musikmaschinen. Während einer Führung ertönen die alten Stücke der »Drei von der Tankstelle« und die »Berliner Luft« auf uralten Grammophonen und Phonographen, man lauscht einem Pianola Piano und entdeckt skurrile riesige Walzenspieluhren und Kurbelmaschinen, die ein ganzes Tanzsaalorchester ersetzen. Die etwa einstündigen Führungen finden durchgängig statt, man schließt sich einfach an und muss nicht warten. Öffnungszeiten beachten!

Auf gleichem Weg zurück zur Chemnitzer Straße, wieder in die Mosbacher Straße und zurück auf den Wuhletalweg. Dieser endet an der Wuhle in der Hämmerlingstraße. Der Straße folgen und über die Kinzerallee links auf die Bahnhofstraße. Rechts nach Süden, dann links in die Lindenstraße. Nach der Brücke auf der Straße Alt-Köpenick bleiben, hier beginnt die Altstadt.

KM 28

6 Köpenick

Die Altstadt erkunden

Direkt an der Straße liegt der Eingang zum Rathaus, den eine lebensgroße Figur des Hauptmanns von Köpenick bewacht. Ihm kann man einmal auf die Nase tippen, schließlich ging er als einer der größten Berliner Schwindler in die Geschichte ein. Gleich gegenüber befindet sich das Altstadtcafé Cöpenick (www.altstadtcafe.de). Ein Besuch lohnt allein für den Blick in die Karte mit den originellen Namen für allerlei Kaffeevariationen. Auch die Torte und das Flair längst vergangener Tage mit Spitzendeckchen und Klavier im Hintergrund sind sehr zu empfehlen. Am Ende der Straße erstreckt sich die Schlossinsel. Wo einst eine Slawenburg stand, thront heute das barocke Schloss Köpenick mit einem Kunstmuseum (www.smb.museum/museen-einrichtungen/schloss-koepenick). Im hübschen Schlosspark genießt man eine tolle Aussicht über das Wasser.

Über Alt-Köpenick zurück über die Dammbrücke und schräg rechts durch den Park zur Bahnhofstraße fahren, die zum Bahnhof führt.

EXTRA INFOS:

Auf der ● **Dammbrücke** in Köpenick kurz Halt machen: Hier mündet die Dahme in die Spree.

KM 30 » ZIEL

S-Bahnhof Köpenick

Fast lebensgroß steht der Hauptmann von Köpenick neben dem Rathaus

Beim Flanieren lassen sich in Köpenick viele historische Gebäude und schöne Wasserfronten entdecken

S-Bahnhof Ahrensfelde START
1 Landschaftspark Wuhletal
GESICHTET: HIGHLANDRINDER
2 Gärten der Welt
BERLINS EINZIGE SEILBAHN
Klarahöh
Siedlung Wartenberg
NSG
WARTENBERG
FALKENBERG
NEU-HOHENSCHÖNHAUSEN
Ahrensfelde
B 158
Wuhlgraben
Hinter den Buschwiesen
Eiche
Krummer See
Mehrow
Trappenfelde
Das Gabelfeld
Kiebitzsee
Blakesee
A 10
Schmaler See
Herrendike
Teichgraben
Retsee
Hönow Dorf
L 33
Hönow
Brandenburg
Berlin
Großer Ahrensfelder Berg 114
Kayserteich
MARZAHN
HELLERSDORF
Südterrasse
Seilbahn Gärten der Welt
Bürknersfelde
Akazienwäldchen
Hönow Süd
Birkenstein
Dahlwitz-Hoppegarten

AUF EINEN BLICK

- **Start:** S-Bahnhof Ahrensfelde
- **Ziel:** S-Bahnhof Köpenick
- **Strecke/reine Radelzeit:** 30 km (Streckentour), 2 Std.
- **Höhenmeter:** ↗6 m, ↘29 m
- **Wegbeschaffenheit:** Meist fester Kies- oder Sandweg.
- **Beste Zeit:** Frühling, Sommer, Herbst. Öffnungszeiten vom Gutshaus Mahlsdorf und Schloss Biesdorf checken!
- **Mitnehmen:** Viel Zeit.

DIE RADELPAUSEN

» START
S-Bahnhof Grunewald

KM 4
1 Friedhof Grunewald-Forst
Die Unbestattbaren besuchen

KM 6
2 Am Schildhorn
Den Anfang begrüßen

KM 9
3 Grunewaldturm
Einmal ganz nach oben

An der Havel und am Wannsee entlang

Der Grunewald-Forst, Wannsee und Klein Glienicke eignen sich perfekt als Märchenkulisse, so verwunschen ist der Wald und so legendär sind die Geschichten, die hier aus allen Zeitepochen erzählt werden. Nebenbei geht's an hübsche Gewässer und durch den schönsten Wald Berlins.

KM 25

4 Friedhof Nikolskoe
Inselgeschichten entdecken

KM 29

5 Klein Glienicke
Spaziergang in der ehemaligen DDR-Exklave

KM 36

6 Mutter Fourage
Blümerante Einkehr

KM 39 » ZIEL

S-Bahnhof Wannsee

GESCHICHTEN SAMMELN

Schräge, historische und spannende Geschichten können im Grunewald-Forst, Düppler Forst und dem Park Babelsberg entdeckt werden. Von lustig bis traurig ist alles dabei, sie handeln von Melancholischem, Liebespaaren, Abenteuern. Häufig wird es ein bisschen verwunschen sein. Alleine die märchenhafte Pfaueninsel, an der die Tour vorbeiführt, wirkt wie aus der Zeit gefallen. Auf dem hübschen und geschichtsträchtigen Eiland entstand einst der erste Zoo Deutschlands. Leider sind keine Fahrräder erlaubt. Besser also ein andermal dort vorbeischauen, beim Vorbeiradeln kurz rüberwinken und lieber beim Friedhof Nikolskoe Halt machen, der weniger bekannt, mit der Pfaueninsel aber auf besondere Art verbunden ist.

DER SCHÖNSTE MOMENT: WENN MAN AUF DER HAVELCHAUSSEE SO RICHTIG FAHRT AUFNIMMT

Doch keine Sorge, es wird nicht nur schwermütig, denn vor allem geht es ans Wasser mit wunderbaren Ausblicken auf Havel und Wannsee, und vorbei am Teufelssee. Dieser erlangte vor Kurzem internationale Glossen-Berühmtheit, als das Bild eines FKKlers um die Welt ging, der einer Wildschweinfamilie hinterherrannte, weil die Sau seine Tasche gestohlen hatte.

Was der Havelhöhenweg für Wandernde ist (einer der schönsten Wege Berlins), ist die Havelchaussee für Radelbegeisterte. Ordentlich Schwung ist hier drin, denn das Gebiet ist durch die Wechseleiszeit von vielen kleinen Schluchten und Höhen geprägt. Es gibt daher sowohl viele Anstiege als auch einige grandiose Abfahrten. Aber bitte Vorsicht: An manchen Stellen sind Fahrradwege und Straßen nicht sehr gut gepflegt – *dit is Berlin, newahr*.

Wer den Wald liebt, kommt ebenfalls auf seine Kosten. 2015 erhielt der Grunewald mit seiner Vielzahl an Kleingewässern und Biotopen, Dünen und Heideflächen die Auszeichnung Waldgebiet des Jahres.

Am Ende lockt eines der schönsten Galerie-Cafés Berlins, in dem nicht nur sehr lecker geschlemmt, sondern auch herrliche Blumen geshoppt werden können. Ein perfekter Tourabschluss!

Der kleine verwunschene Friedhof liegt mitten im Wald

» START

S-Bahnhof Grunewald

Am S-Bahnhof Grunewald in nordwestlicher Richtung die AVUS unterqueren und am Parkplatz links in den Schildhornweg abbiegen. Diesem nun immer folgen. Es knicken verschiedene Wege ab, stets gen Westen halten ist richtig. Am Naturschutzgebiet und Teufelssee vorbei, bis nach 3,8 Kilometern, kurz vor der Havelchaussee, ein Sandweg nach rechts führt. Ein verwittertes Schild weist den Weg zum Friedhof.

KM 4

1

Friedhof Grunewald-Forst

Die Unbestattbaren besuchen

Nico wurde als Sängerin für The Velvet Underground weltberühmt

Der geheimnisvolle Friedhof hieß einst im Volksmund Friedhof der Unbestattbaren, weil hier die Unglücklichen verbuddelt wurden, die ihrem Leben selbst ein Ende gesetzt hatten und denen die Kirche eine richtige Beerdigung verweigerte. Aus der inoffiziellen Begräbnisstätte wurde erst 1920 mit der Gründung Groß-Berlins eine offizielle, als jeder Bezirk einen nichtkirchlichen Friedhof bekam. In der drittletzten Reihe liegt die Sängerin Nico, berühmtes Model und Inspirationsquelle für viele Stars der 1960er-Jahre und Mitwirkende an der berühmten Bananenplatte von The Velvet Underground. Sie suchte sich die Ruhestätte der unglücklichen Melancholiker selbst aus.

Zurück zum Schildhornweg und geradeaus bis zur Havelchaussee. Rechts abbiegen und nach 400 Metern links die Straße am Schildhorn nehmen. Hinter dem Seehotel rechts und bis zum Ende der Landzunge fahren. Am Badestrand das Fahrrad abstellen und links den Weg 200 Meter hinaufgehen.

Das Schildhorn ist der Sage nach die Geburtsstätte der Mark Brandenburg

KM 6

2

Am Schildhorn

Den Anfang begrüßen

Mit bester Aussicht auf die Havel steht das Schildhorndenkmal von Friedrich August Stüler, entworfen nach Skizzen von Friedrich Wilhelm IV. von Preußen. Der Legende nach hat der Slawenfürst Jacza von Köpenick auf seiner Flucht durch die Havel vor Albrecht dem Bären den Gott der Christen zu seiner Rettung gerufen. Aus Dankbarkeit, nicht ertrunken zu sein, habe er sein Schild und Horn hier an einen Baum gehängt und sich zum Christentum bekannt. Damit war die Mark Brandenburg geboren. Der wunderbare Blick aufs Wasser unter Kiefern mit den Füßen im Sand lohnt den kleinen Aufstieg. Nicht umsonst ist das Schildhorn bereits seit dem 19. Jahrhundert ein Lieblingsziel der Berlinerinnen und Berliner für einen Sonntagsausflug.

Zurück zur Straße am Schildhorn, rechts abbiegen und dem Weg folgen, der nun schön am Wasser entlangführt. Nach zwei Kilometern links zum Grunewaldturm; es geht sehr steil hinauf. Wer lieber Straße fährt, nimmt die Havelchaussee nach Süden.

KM 9

3

Grunewaldturm

Einmal ganz nach oben

Es heißt, wer beim Vorbeisegeln alle vier Fenster des Grunewaldturmes sieht (die hinteren Fenster durch die vorderen), muss erst mal einen trinken. Zuprosten kann man sich im Lokal am Fuße des Turms zwar auch, einen Aufstieg sollte man jedoch keinesfalls verpassen. Für wenige Euro gibt es Zutritt zum 1899 eröffneten Aussichtsturm in märkischer Backsteingotik zu Ehren des Deutschen Kaisers Wilhelm I. Die Plattform in 36 Metern Höhe erlaubt einen tollen Blick über Havel und Wannsee. Bei guter Sicht sind der Teufelsberg mit der bekannten ehemaligen Abhörstation, der Funkturm und sogar der Fernsehturm des Alexanderplatzes zu sehen.

Weiter geht's auf der Havelchaussee nach Süden. Nach 3,5 Kilometern rechts abbiegen, um am Wasser zu bleiben. Von der Insel Schwanenwerder in den Wannseebadweg und am Ende nach rechts in den Kronprinzessinnenweg. Nach dem S-Bahnhof Wannsee rechts in die Königstraße, die Wannseebrücke überqueren, dann rechts in die Straße Am Großen Wannsee. Dieser nun immer folgen. Sie führt als Uferweg am Wasser entlang rund um den Düppler Forst. Hinter der Pfaueninsel den Nikolskoer Weg nehmen. Nach 700 Metern liegen rechts die Kirche St. Peter & Paul und links hinter einem Haus der Nikolskoer Friedhof.

Wer mehr Zeit mitbringt, sollte einen Ausflug zur Pfaueninsel nicht verpassen

BESTE AUSSICHTEN

Die grandiose Aussicht vom Grunewaldturm geht über die ganze Havel-Wannsee-Seenplatte

KM 25

4

Friedhof Nikolskoe

Inselgeschichten entdecken

Die eben passierte Pfaueninsel ist eine kleine, verwunschene Märchenwelt für sich. Einst erkor sie der spätere König Friedrich Wilhelm II. als junger Kronprinz zum Treffpunkt für seine romantische Liaison mit Wilhelmine Encke, der berühmten Madame Ritz. Für den Besuch selbst braucht man aber etwas mehr Zeit. Spannende Inselgeschichten hält jedoch auch der kleine, halbüberwachsene und weniger bekannte Friedhof Nikolskoe bereit: Hier finden sich viele Gräber ehemaliger Pfaueninsel-Mitarbeiter:innen, deren Positionen häufig in den Grabsteinen verewigt sind. Ein ganz besonderes Grab ist das des »Sandwich-Insulaners« Marry Maitey, des vermutlich ersten Hawaiianers in Preußen. Er arbeitete auf der Pfaueninsel als Maschinengehilfe, Schlosser, Tischler und insbesondere als Schnitzkünstler. Stets liegen Muscheln auf dem steinernen, nicht zu übersehenden Grabkreuz.

Weiter auf dem Nikolskoer Weg und nach 400 Metern rechts in den Moorlakeweg. Hinter dem Wirtshaus Moorlake den Uferweg nehmen, der einmal um den Park Glienicke führt. An der Königsstraße angekommen, links abbiegen und nach dem Schloss Glienicke rechts in die Mövenstraße.

KM 29

5

Klein Glienicke

Spaziergang in der ehemaligen DDR-Exklave

In der Mövenstraße erinnern einige Schilder daran, dass Klein Glienicke nördlich des Griebnitzsees einst eine Exklave der DDR war. An der engsten Stelle lagen lediglich 15 Meter zwischen den Mauern, weshalb Klein Glienicke auch Blinddarm der DDR genannt wurde. Einige Fluchtversuche waren erfolgreich, unter anderem durch einen gegrabenen Tunnel. Andere endeten tödlich, wie der von Horst Körner, der auf seiner Flucht den Grenzsoldaten Rolf Henniger tötete, bevor er selbst erschossen wurde. Viele Villen im ehemals gut situierten Ort wurden damals abgerissen, um Fluchtversuche zu verhindern. Einige sind jedoch bis heute erhalten, zum Beispiel die auffälligen, zum UNESCO-Welterbe zählenden hübschen Schweizerhäuser aus dem 19. Jahrhundert. Schloss und Jagdschloss Glienicke gehörten übrigens nicht zur Exklave, sondern zum Land Berlin.

Von der Waldmüllerstraße rechts in die Lankestraße und die Brücke zwischen Griebnitzsee und Glienicker See überqueren. Hinter der Brücke rechts und noch eine Runde durch den Park Babelsberg drehen. Zurück auf dem Weg Park Babelsberg. Ab hier den Schildern des Berliner Mauerweges folgen, der über die Karl-Marx-Straße südlich des Griebnitzsees entlangführt. Nach dem S-Bahnhof Griebnitzsee den Teltowkanal überqueren und auf der Kohlhasenbrücker Straße weiter geradeaus. Hinter der Alsenbrücke rechts in die Chausseestraße.

Schilder in Klein Glienicke erinnern an Fluchtversuche aus der DDR

Von den ehemals neun Schweizerhäusern sind heute noch vier erhalten

Einer der wohl schönsten Sitzplätze Süd-Berlins: das Galerie-Café Mutter Fourage

EXTRA INFOS:

Die ● **Badestelle Kuhhorn** bietet sich im Sommer für einen Sprung ins kühle Nass oder wenigstens zum Füße erfrischen an.

Für die verwunschene ● **Pfaueninsel** am besten mehr Zeit einplanen und extra vorbeikommen. Eine Fähre setzt regelmäßig dorthin über.

Für das ● **Haus der Wannsee-Konferenz** (www.ghwk.de) nimmt man sich besser ausführlich Zeit. Es dient heute als Gedenkstätte und setzt sich mit dem Holocaust auseinander.

Wer am Ende der Tour noch nicht nach Hause möchte, kann sich neben dem S-Bahnhof Wannsee im schönen ● **Biergarten Loretta** (www.loretta-berlin.de/lorettas-biergarten) niederlassen.

KM 36

6 Mutter Fourage

Blümerante Einkehr

Der alte Ort Stolpe mitten im Ortsteil Wannsee versprüht noch heute Charme, und schon das Vorderhaus der Mutter Fourage (mutterfourage.de) ist sehenswert, ein Gebäude aus der Gründerzeit mit reich geschmückter Fassade. Der alte Hof entstand ursprünglich als Pferdefutter-Handlung um 1900 im rasant wachsenden Berlin. Die Scheune existiert heute immer noch und bietet Platz für diverse Veranstaltungen. In einer Galerie wird regionalen Kunstschaffenden Raum gegeben, und nebenan kann im hübschen Café zwischen Naturkostladen und unzähligen Monarden, Chrysanthemen und Bergenien des ansässigen ökologischem Blumenhandels geschlemmt werden.

Am Ende der Chausseestraße nach rechts auf die Königsstraße, die zum S-Bahnhof Wannsee führt.

KM 39 » ZIEL

S-Bahnhof Wannsee

Für die Rückkehr gleich noch ein paar Blumen neben dem Café einkaufen

AUF EINEN BLICK

- **Start:** S-Bahnhof Grunewald
- **Ziel:** S-Bahnhof Wannsee
- **Strecke/reine Radelzeit:** 39 km (Streckentour), 3 Std. 30
- **Höhenmeter:** ↗143 m, ↘150 m
- **Wegbeschaffenheit:** Viele Waldwege mit Sand und Kies.
- **Beste Zeit:** Frühling bis Herbst. Im Winter wegen Glättegefahr auf der steilen Havelchaussee nicht zu empfehlen.
- **Mitnehmen:** Navi, um sich auf den vielen Wegen durch den Grunewald nicht zu verzetteln.

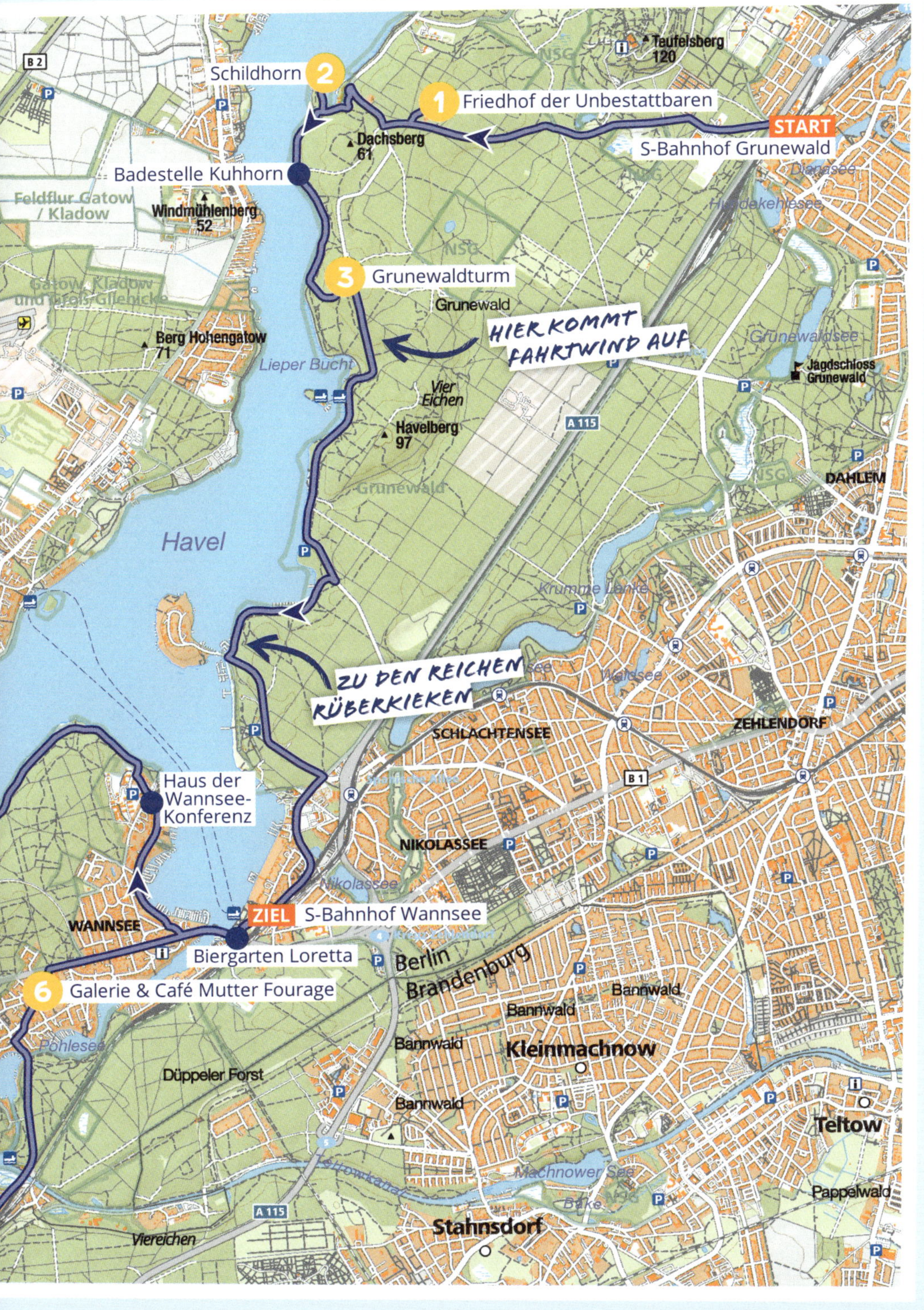

START
S-Bahnhof Grunewald
1 Friedhof der Unbestattbaren
2 Schildhorn
Badestelle Kuhhorn
3 Grunewaldturm
HIER KOMMT FAHRTWIND AUF
ZU DEN REICHEN RÜBERKIEKEN
Haus der Wannsee-Konferenz
ZIEL S-Bahnhof Wannsee
Biergarten Loretta
6 Galerie & Café Mutter Fourage
Teufelsberg 120
Dachsberg 61
Windmühlenberg 52
Feldflur Gatow / Kladow
Berg Hohengatow 71
Lieper Bucht
Grunewald
Vier Eichen
Havelberg 97
Havel
Grunewaldsee
Jagdschloss Grunewald
DAHLEM
Krumme Lanke
SCHLACHTENSEE
ZEHLENDORF
NIKOLASSEE
WANNSEE
Berlin
Brandenburg
Bannwald
Kleinmachnow
Düppeler Forst
Pohlesee
Teltow
Machnower See
Pappelwald
Stahnsdorf
Viereichen
A 115
B 1
B 2

DIE RADELPAUSEN

» START
S-Bahnhof Wannsee

KM 2
1 Friedhofsbahn
Stationen von »Dark«

KM 3
2 Alte Autobahntrasse
Letzter »Alarm für Cobra 11«

KM 4
3 Alter Grenzkontrollpunkt
Checkpoint Bravos Spuren

4 FILM AB: BERÜHMTE DREHORTE

Von Stahnsdorf bis Potsdam

Rund um Potsdam lassen sich auch außerhalb des Filmparks Babelsberg bei einer abwechslungsreichen Radtour tolle Filmlocations aufspüren – und so ganz nebenbei entdeckt man auch noch einige denkwürdige historische Orte.

KM 7
4 Südwestkirchhof Stahnsdorf
»Nosferatu« grüßt

KM 21
5 Glienicker Brücke
Beim »Unterhändler«

KM 23
6 Holländisches Viertel
»Homeland« im falschen Amsterdam

KM 26 » ZIEL
S-Bahnhof Potsdam

UND ... ACTION!

Natürlich könnte man auch einen Tag für den berühmten Filmpark Babelsberg reservieren. Aber viel schöner ist es doch, sich bei frischer Luft und Fahrtwind um die Nase rund um Potsdam ein bisschen Filmgeschichte selbst zu erradeln. Denn hier war außerhalb der ehrwürdigen Studiowände schon einiges los – so viel, dass man immer wieder zurückkehren und etwas Neues entdecken könnte.

Auf der ersten Hälfte der Tour ist allerdings auch mal absteigen angesagt, denn wer auf den Spuren der Serie »Dark« wandeln will, muss ins etwas gruselige Unterholz. Überraschend finden sich darüber hinaus knallbunte Überreste ehemaliger Autotrassen, die nicht nur als Drehort, sondern ebenso als perfekter Selfie-Hintergrund taugen. Daher bloß nicht die Kamera vergessen!

DER SCHÖNSTE MOMENT: WENN DIE STABKIRCHE AUS »DARK« VOR EINEM AUFTAUCHT, WÄHNT MAN SICH MITTEN IN EINER FILMKULISSE

Zunächst rumpelt das Fahrrad ein bisschen über Trampfelpfade, dann wird es sandig, Heide, Birken und Kiefern stehen am Wegesrand. Doch keine Sorge, die anstrengenden Wege sind kurz und anschließend geht's wieder auf festerem Wald- und Fahrradweg zu neuen Drehorten, interessanten Geschichtsorten und Lost Places.

Die Erkundung eines der größten Friedhöfe Europas könnte etwas länger dauern, denn es gibt viel zu entdecken auf dem wild-verwunschenen Gelände, das mit viel Natur fast wie ein natürlicher Waldpark anmutet. Insbesondere im Herbst kommt eine leicht morbide Stimmung über den Gräbern auf.

Bald taucht dann der Filmpark Babelsberg am Wegrand auf – einmal zuwinken. Im kurz darauf folgenden Park Babelsberg wurde übrigens ein Teil des DDR-Kultfilms »Die Legende von Paul und Paula« gedreht. Nun geht's vorbei am Jagdschloss Glienicke, das 1958 als Kulisse für die Neuverfilmung von »Mädchen in Uniform« diente – Romy Schneider lässt grüßen!

Und schon ist Potsdam in Sicht. Das trifft sich gut, denn nach so vielen Entdeckungen knurrt auch mal der Magen: Da kommt eine kleine Runde durchs Holländische Viertel mit seinen vielen tollen Imbissen und Restaurants doch genau richtig! «

Einer der berühmtesten Barockplätze Europas …

… ist der Neue Markt Potsdam. Hier befindet sich auch das älteste Filmmuseum Deutschlands

Einst Grenzübergang, heute fast vergessen: der ehemalige S-Bahnhof Dreilinden

RADELN & GENIEßEN

S-Bahnhof Wannsee

Vom S-Bahnhof nach Süden zur Königsstraße, dort links die Gleise unterqueren und direkt rechts auf den Stahnsdorfer Damm. Nach 1,3 Kilometern am Königsweg rechts abbiegen. Nach 800 Metern ist die Brücke erreicht, die über die stillgelegten Gleise der alten Friedhofsbahn führt.

Drehort der Serie »Dark«: die Reste der alten Friedhofsbahn im Düppeler Forst

1 Friedhofsbahn

Stationen von »Dark«

Bereits auf dem Weg nach Stahnsdorf liegen im Wald versteckt die Drehorte einiger Szenen aus der Serie »Dark« an den verlassenen Gleisen. Tatsächlich stammen diese von der alten Friedhofsbahn, die damals noch vor dem Mauerbau Friedhofsgäste aus Berlin hier herbrachte. »Witwenbahn« wurde sie auch genannt und leider nach der Wende nicht wieder hergestellt. Vor der Brücke links den Trampelpfad entlang der alten Gleise einschlagen, von oben hat man einen guten Blick auf die Schienen einige Original-Drehplätze aus der dritten Staffel von »Dark«.

Dem Trampelpfad weiter folgen. Nach 300 Metern am Teerofenweg rechts abbiegen. Wenn der Teerofenweg nach links führt, rechts den Trampelpfad nehmen. Nach 200 Metern stehen die hohen Betonwände der alten Autobahntrasse vor einem.

Skurrile Kulisse: die alte Autobahntrasse mitten im Wald. Hier spielte eine Folge von »Alarm für Cobra 11«

KM 3

2 Alte Autobahntrasse
Letzter »Alarm für Cobra 11«

»Woah«, rufen manche, die das erste Mal herkommen. Von der alten Autobahntrasse, die durch den Mauerbau stillgelegt wurde, ist mittlerweile fast nichts mehr übrig. Der Beton wurde größtenteils entfernt, und die Natur hat sich diesen Teil der Welt zurückgeholt. Doch mittendrin stehen ein paar riesige Betonwände für die Brückenüberquerung der alten Stammbahn. Diese werden heute täglich zum Spayen genutzt, und so leuchten die Betonwälle hier im Wald dank frischer Graffiti. Labels und Muster geben tolle Fotomotive ab. Die Kunstschaffenden möchten allerdings nicht abgelichtet werden. Übrigens ist die Stammbahn nicht zu verwechseln mit der Friedhofsbahn, Erstere war auf der ersten preußischen Eisenbahnstrecke von 1838 zwischen Berlin und Potsdam unterwegs. Und natürlich diente auch dieser coole Platz schon häufiger als Drehort, zum Beispiel für die Serie »Alarm für Cobra 11« oder den Film »Superstau«.

Weiter geht's nun nach links entlang der alten Trasse nach Süden.

KM 4

3 Alter Grenzkontrollpunkt
Checkpoint Bravos Spuren

Am Ende des Weges landet man an einem der historisch bedeutsamsten Lost Places Berlins: dem alten Kontrollpunkt Dreilinden, auch Checkpoint Bravo genannt, der 1969 versetzt und hier gesperrt wurde. Unkraut wuchert zwischen den Platten, die noch gut als Autobahn zu erkennen sind und den Teltowkanal überspannen. Die Fahrbahnmarkierungen wurden bei den Dreharbeiten für die Serie »Alarm für Cobra 11« erneuert und sind daher noch sichtbar. Ein perfekter Ort, um kurz dankbar zu sein, dass die Mauer abgerissen und der Weg heute passierbar ist.

Die Brücke passieren. Am Ende muss das Fahrrad eine Stufe gehoben und über eine schmale Eisenbrücke geschoben werden. Geradeaus weiter, vor der Autobahn rechts abbiegen. Nach einem Kilometer die Brücke rechts über die Autobahn nehmen und am nächsten Hauptweg rechts ab. An der Alten Potsdamer Landstraße ein Stück nach rechts und wieder nach links auf die Bahnhofstraße. Nach 300 Metern liegt rechts der Eingang zum Südwestkirchhof Stahnsdorf.

Heute spannender Lost Place: der alte Grenzpunkt Checkpoint Bravo bei Dreilinden

Eines der berühmtesten Gräber in Stahnsdorf: Friedrich Wilhelm Murnau, Regisseur von »Nosferatu«

4 Südwestkirchhof Stahnsdorf

»Nosferatu« grüßt

Eigentlich kann man auf diesem Friedhof nichts falsch machen, wenn man nur kreuz und quer herumradelt, so schön ist das wild-verwunschene Areal. Das darf man hier, auf einem der größten Friedhöfe Europas, ganz offiziell. Nicht verpassen: das Grab von Friedrich Wilhelm Murnau, dem Regisseur des Films »Nosferatu«. Auch die Gräber von Heinrich Zille und Manfred Krug sind zu finden. Highlight ist die Friedhofskapelle, die an Norwegische Stabkirchen erinnert und mehrfach in der Serie »Dark« einen Auftritt hat. Auch Roman Polanski drehte hier mit Ewan McGregor für den Film »Der Ghostwriter«, und Teile aus »Manifesto« mit Cate Blanchett entstanden auf dem Kirchhof. Wer das gruselige Flair so richtig aufsaugen möchte, kommt zu einer der unregelmäßig stattfindenden Filmvorführungen von »Nosferatu« zurück.

Den südwestlichen Ausgang nehmen und der Potsdamer Allee nach rechts folgen. Hinter dem Filmpark Babelsberg rechts über die Heinrich-George-Straße, dann auf der Emil-Jannings-Straße und der Marlene-Dietrich-Allee durch das Filmpark-Areal fahren. An der August-Bebel-Straße links abbiegen, an der Karl Marx-Straße wieder nach links und dem Mauerweg nach. Den Griebnitzsee überqueren und am Jagdschloss Glienicke vorbei.

5 Glienicker Brücke

Beim »Unterhändler«

Auf der berühmten Agentenbrücke spielt Tom Hanks in »Bridge of Spies – Der Unterhändler« den Verteidiger des KGB-Spions Rudolf Abel, der in den 1960er-Jahren auf der Glienicker Brücke gegen einen CIA-Spion ausgetauscht wird. Der Film geht auf tatsächliche Ereignisse zurück, denn hier wurden während des Kalten Krieges regelmäßig Agenten und Gefangene zwischen Ost und West ausgetauscht. Davon abgesehen, bietet die Brücke einen tollen Rundumblick über die Potsdamer Seen.

Auf der Berliner Straße weiterfahren, rechts in die Otto-Nagel-Straße, links in die Mangerstraße und am Heiligen See vorbei. An der Hebbelstraße links abbiegen und rechts in die Mittelstraße.

Auf dem zehntgrößten Friedhof Europas darf ganz offiziell Fahrrad gefahren werden

Die als Agentenbrücke bekannte Glienicker Brücke diente als Kulisse im Film »Der Unterhändler«

EXTRA INFOS:

Im ● **Poffertjes en Pannekoeken** (www.poffertjes-en-pannekoeken.de) im Holländischen Viertel bekommt man leckere kleine Eierkuchen auf die Hand.

Wer von Filmen nicht genug kriegen kann: Das ● **Filmmuseum Potsdam** (www.filmmuseum-potsdam.de) ist das älteste Filmmuseum Deutschlands und nicht nur von außen sehenswert.

KM 23

6

Holländisches Viertel

»Homeland« im falschen Amsterdam

Das Holländische Viertel im Potsdamer Zentrum ist auch ohne Filmszenen sehr sehenswert, viele kleine Shops sowie leckere Restaurants und Cafés laden zum Bummeln und Besuch ein. Als Drehort wurde das Viertel für die fünfte Staffel der US-Fernsehserie »Homeland« genutzt, die überwiegend in Berlin spielt. Für ein paar Szenen in Amsterdam standen die roten Giebelhäuser, die um 1740 für niederländische Arbeiter errichtet wurden, praktischerweise in der Nähe, also drehte man einfach vor Ort. Sehr köstlich essen kann man gleich ums Eck im Café à la Russe (www.cafealarusse.de) in der Lindenstraße 2. Die russischen, ukrainischen und georgischen Speisen von Blini über Pelmeni und Borschtsch sind ein echter Genuss.

Von der Mittelstraße links in die Friedrich-Ebert-Straße. Am Filmmuseum vorbei und links in die Breite Straße. Die Potsdamer Havel überqueren und den Schildern zum S-Bahnhof Potsdam folgen.

KM 26 » ZIEL

S-Bahnhof Potsdam

Im Holländischen Viertel am besten ganz stilecht niederländische Eierkuchen im Poffertjes en Pannekoeken essen

AUF EINEN BLICK

- **Start:** S-Bahnhof Wannsee
- **Ziel:** S-Bahnhof Potsdam
- **Strecke/reine Radelzeit:** 26 km (Streckentour), 3 Std.
- **Höhenmeter:** ↗19 m, ↘30 m
- **Wegbeschaffenheit:** Anfangs sehr viel Kies-, Wald- und Sandboden, eventuell muss geschoben werden. Später nur Asphalt.
- **Beste Zeit:** Ganzjährig. Schaurig-schön ist der Friedhof im Herbst.
- **Mitnehmen:** Genügend Zeit für alle Stopps. Für Engagierte: Fotos der Filmszenen, um sie wie auf filmtourismus.de an den echten Orten zu vergleichen.

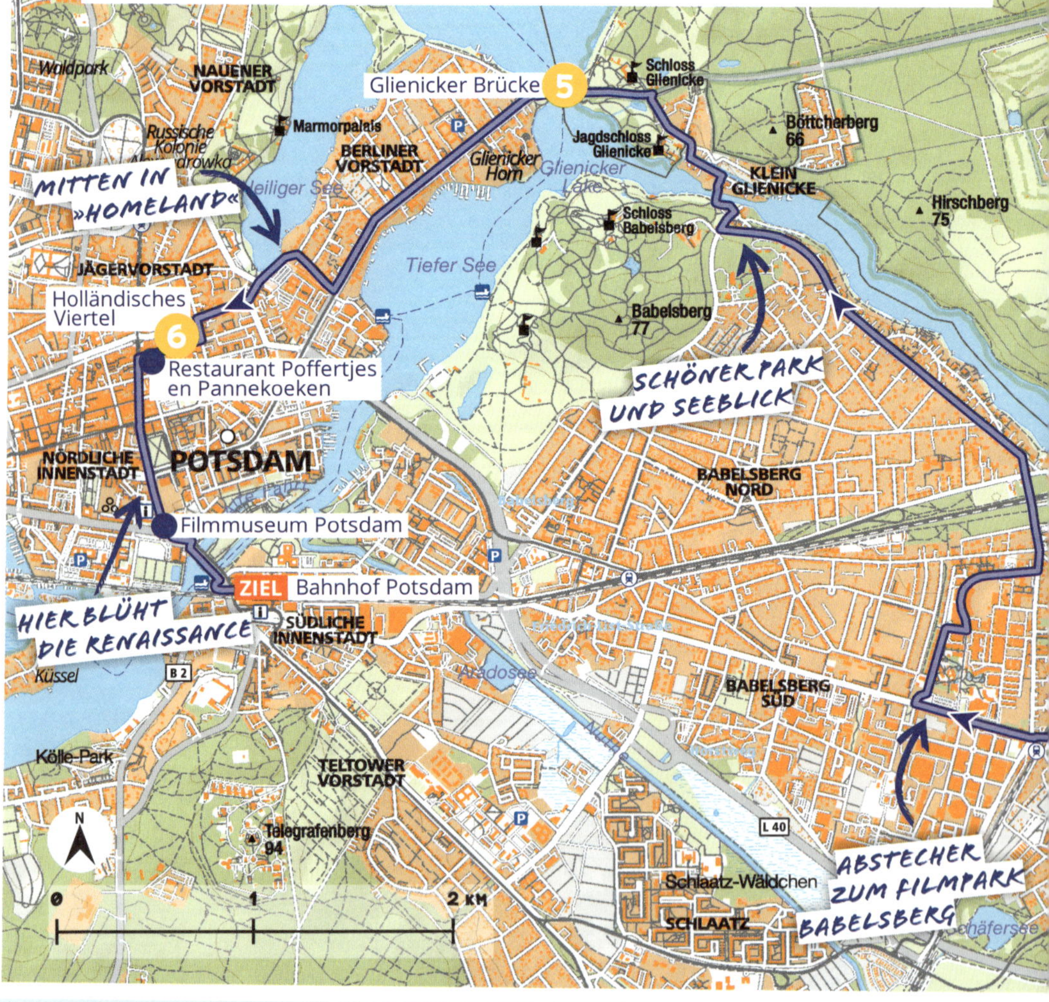

Glienicker Brücke 5
Holländisches Viertel 6
Restaurant Poffertjes en Pannekoeken
Filmmuseum Potsdam
ZIEL Bahnhof Potsdam

MITTEN IN »HOMELAND«
SCHÖNER PARK UND SEEBLICK
HIER BLÜHT DIE RENAISSANCE
ABSTECHER ZUM FILMPARK BABELSBERG

Waldpark
NAUENER VORSTADT
Marmorpalais
Russische Kolonie
BERLINER VORSTADT
Glienicker Horn
Glienicker Lake
Heiliger See
Schloss Glienicke
Jagdschloss Glienicke
Böttcherberg 66
KLEIN GLIENICKE
Hirschberg 75
Schloss Babelsberg
JÄGERVORSTADT
Tiefer See
Babelsberg 77
NÖRDLICHE INNENSTADT
POTSDAM
BABELSBERG NORD
SÜDLICHE INNENSTADT
Küssel
B 2
BABELSBERG SÜD
Kölle-Park
TELTOWER VORSTADT
Telegrafenberg 94
L 40
Schlaatz-Wäldchen
SCHLAATZ
Schäfersee
N
0 1 2 KM

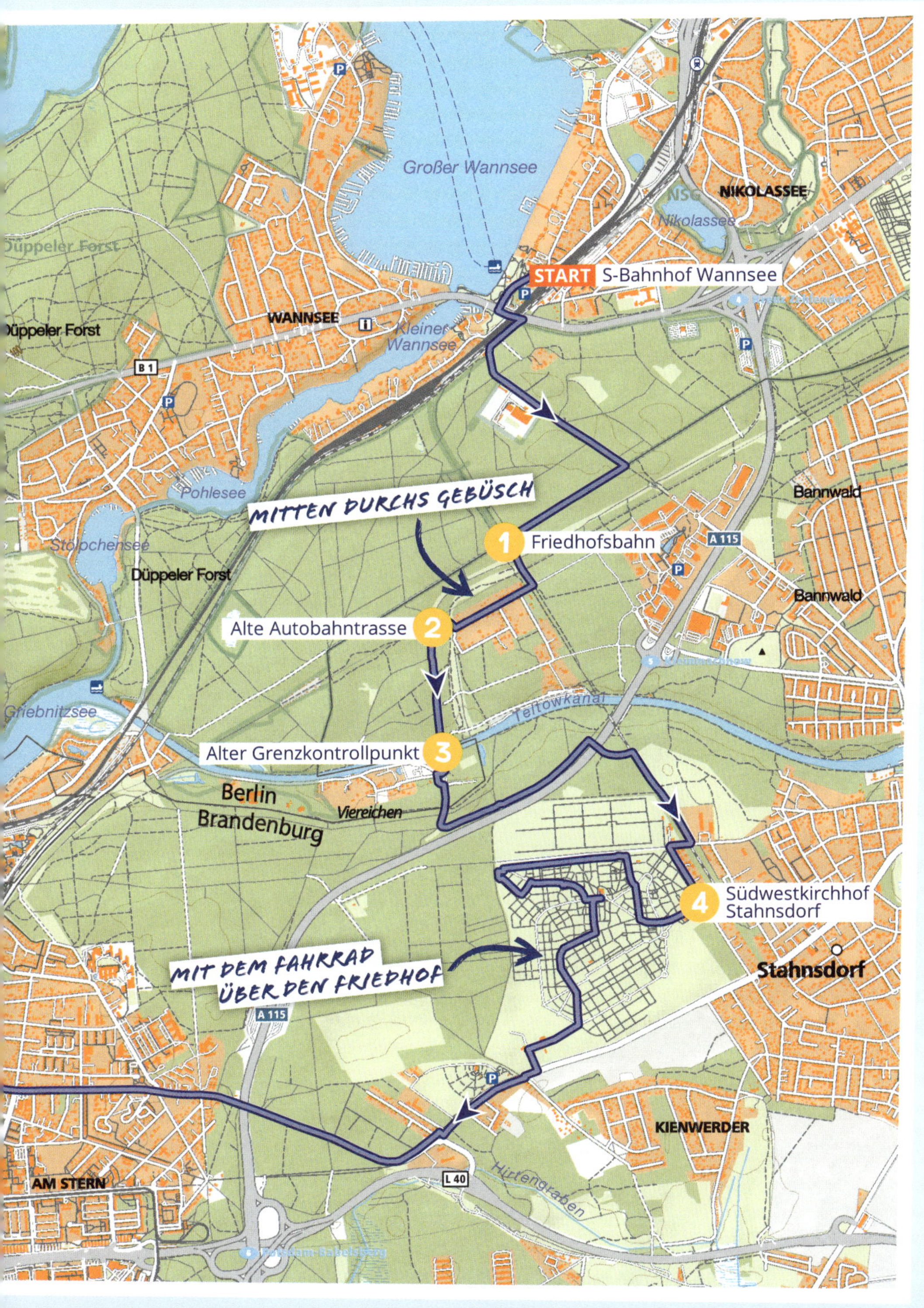

Großer Wannsee
NIKOLASSEE
Nikolassee
START S-Bahnhof Wannsee
WANNSEE
Kleiner Wannsee
Düppeler Forst
B 1
Pohlesee
Stolpchensee
MITTEN DURCHS GEBÜSCH
1 Friedhofsbahn
A 115
Bannwald
Bannwald
Düppeler Forst
2 Alte Autobahntrasse
Griebnitzsee
Teltowkanal
3 Alter Grenzkontrollpunkt
Berlin
Brandenburg
Viereichen
4 Südwestkirchhof Stahnsdorf
Stahnsdorf
MIT DEM FAHRRAD ÜBER DEN FRIEDHOF
A 115
KIENWERDER
AM STERN
L 40
Hirtengraben

DIE RADELPAUSEN

» START
S-Bahnhof Spandau

KM 2
1
Zitadelle Spandau
Spaziergang in der letzten Bastion

KM 4
2
Wasserstadt Spandau
Hafenflair um die Nase wehen lassen

KM 13
3
Wildgehege Tegel
Mit Wildschweinen grunzen

Von Spandau nach Tegel

Hafenflair herrscht rund um die neue Wasserstadt Spandau und den Tegeler See. Wer bisher mit Spandau nichts anfangen konnte, wird auf dieser Tour staunen, wie viele Wohnungen mit Wasserblick es hier gibt.

AHOI, SPANDAU!

»Ganz viel Wasser« ist das Motto dieser Tour. Kaum liegt der Bahnhof hinter einem, kommt schon die Havel in Sicht. Nach wenigen hundert Metern stößt an der Sternbergpromenade noch die Spree dazu. Nach einem Stopp an der Zitadelle geht es direkt in Spandaus Wasserstadt. Augen offenhalten: Am Alten Mühlengraben erkennt man noch ein Stück der alten Spandauer Stadtmauer.

Die Wasserstadt innerhalb Berlins wurde lange geplant, ist mittlerweile zu großen Teilen fertig und ein wunderbares Revier, um an den unzähligen Häfen, Segelclubs, Rudervereinen und vor allem den vielen schönen Wohnungen und Häusern mit Wasserblick entlangzurollen. Wer hätte gedacht, dass das von vielen verlachte Spandau so lebenswert ist!

DER SCHÖNSTE MOMENT: WENN MAN INMITTEN DER WASSERSTADT PLÖTZLICH DAS TRAUMBÖTCHEN ERBLICKT

Das Klappern der Bootsfähnchen an den Masten begleitet weite Teile der Tour und lässt Urlaubsgefühl aufkommen. Cafés sind eher rar gesät, es lohnt daher, etwas Proviant einzupacken. Kein Problem, laden doch zahlreiche schöne Rastplätze am Wasser zu einer Pause ein.

Und dann geht's direkt aufs Wasser: Auf der Fähre (www-faehre-berlin.de), die Spandau sehr regelmäßig mit Tegel verbindet, wird es wuselig. Freundlich wird gegrüßt und kassiert, ruhig schiebt sich das Gefährt über die Enge und gibt den Blick auf die Havel frei, die sich am Tegeler See vorbeidrängelt. Viel zu schnell ist die Fahrt vorbei.

Die Tour ist so zweigeteilt wie die beiden Bezirke, durch die sie führt. Da die Wasserstadt in Spandau sehr neu ist, lässt es sich hier herrlich rollen und flanieren, und dabei weht Hafenflair um die Nase. Da muss auch mal ein bisschen Slalom um die vielen Fußgänger:innen herumgefahren werden. Die Tegeler-See-Route hingegen ist naturbelassen und somit nichts für zarte Reifen. Dafür fährt man durch den südlichen Tegeler Forst mit herrlichen alten Baumbeständen im Mischwald und füllt die Lungen mit frischer, würziger Waldluft. Ein (kostenloses) Wildtiergehege und tolle Badestellen gibt's obendrauf.

Entlang des ehemaligen Flughafen Tegel der dem See den Namen gab, kann man noch einen guten Blick auf das markante Flughafengebäude werfen – und sich abschließend im Flughafensee ein wenig abkühlen.

Badesachen nicht vergessen, denn auf dieser Tour gibt's viele Möglichkeiten fürs kühle Nass

Die St.-Marien-Kirche am Behnitz steht wie die gesamte Altstadt Spandau auf einer Havelinsel

Die Greenwich-Promenade in Tegel bekam ihren Namen durch eine Partnerschaft Reinickendorfs mit dem gleichnamigen Londoner Stadtteil

RADELN & GENIEßEN

»START

S-Bahnhof Spandau

Vor dem Bahnhof den Altstädter Ring überqueren und geradeaus in die Straße Stabholzgarten. Vor dem Mühlengraben den Weg nach rechts nehmen und nach 100 Metern links abbiegen. Jetzt geht's direkt an der Havel entlang. Um die Zitadelle zu besuchen, vor der Unterführung links hinauf, dann die Straße am Juliusturm rechts nehmen. Nach 400 Metern ist der Übergang zur Zitadelle erreicht.

KM 2

Zitadelle Spandau

Spaziergang in der letzten Bastion

Die Zitadellenbrücke über dem Juliusgraben zeigt die Reliefs verschiedener Helme

Die Zitadelle (www.zitadelle-berlin.de), eines der wohl beeindruckendsten Bauwerke Berlins, gehört zu den besterhaltenen Festungen der Renaissance in Europa. An vielen Tagen im Jahr werden hier Konzerte veranstaltet, und wer schon einmal im Keller eine der größten Fledermauskolonien Europas um sich herumflattern spürte, wird dieses Erlebnis nicht so schnell vergessen.

Die große Straße zurückfahren, hinter der Havel die Kirche St. Marien passieren und auf den Hohen Steinweg einbiegen. Links in den Möllentorsteg und an dem roten Backstein-Brauhaus Spandau vorbei auf die Neuendorfer Straße. Weiter geradeaus durch den Wröhmännerpark. An der Körnerstraße rechts und am Elswerderufer nach Norden (links). Das Schultheiss-Brauereiquartier durchqueren und immer den Radschildern entlang der Wasserstadt folgen.

Ein Graben und die Havel umgeben die gewaltige Renaissance-Festung, in der häufig Konzerte stattfinden

Schöner leben: An den Wasserfronten der neuen Wasserstadt kann man wunderbar entlangflanieren

KM 4

Wasserstadt Spandau

Hafenflair um die Nase wehen lassen

Eine wunderbare Promenade mit neuen Häusern und alten Booten, ein bisschen Hafenduft liegt in der Luft – wer hätte vermutet, dass Spandau so schön sein kann! Die Wasserstadt ist ein Mega-Wohnprojekt, in dem seit mehreren Jahren Reihen- und Einzelhäuser sowie Stadtvillen und Uferpromenaden entstehen. Der größte Teil ist mittlerweile fertiggestellt, und auf den neuen Wegen lässt es sich wunderbar radeln und staunen – doch Achtung, der Weg wird mit Fußgänger:innen geteilt. Wohnungen mit direktem Wasserblick können eventuell sogar ein wenig Neid heraufbeschwören. Angebrachter ist aber Freude über ein so herrliches Fleckchen, das aus belastetem Boden und einem hässlichen Hafen entstanden ist. Ganze 26 000 Menschen sollen hier einmal leben.

Nach der Überquerung des Aalemannkanals gleich rechts runter zur Fähre und mit ihr übersetzen. Anschließend rechts abbiegen und der Fahrradroute Tegeler See folgen. Nun geht es immer uferseitig an vielen kleinen Segelclubs und unzähligen Booten vorbei.

KM 13

3

Wildgehege Tegel

Mit Wildschweinen grunzen

Nach nur wenigen Metern hinter dem ausgeschilderten Wildgehege wimmelt es von Wildschweinen. Insbesondere die jungen Tiere kabbeln sich und tollen herum. Nebenan gibt es Rothirsche und Muffelwild zu bestaunen. In den großen Gehegen können sich die Tiere zwar schon mal zurückziehen, doch gegen einen Euro bekommt man am Automaten Futter, auf das zumindest die Wildschweine ordentlich scharf sind.

Weiter geht's auf der Tegeler-See-Fahrradroute nach Norden bis zur Spitze des Sees.

Neugierige Wildschweine und schüchterne Mufflons gibt es im Wildgehegein Tegel

Kuchen, so gut wie bei Oma, gibt's bei den Tegeler Seeterrassen

4 Tegeler Hafenbrücke
Einen Sechser sparen

Zur Uferpromenade muss noch die Sechserbrücke erklommen werden, die Fußgängerbrücke über dem Eingang zum Tegeler Hafen. Hier schiebt man das Fahrrad jeweils einige Treppenstufen über eine Schiene hoch und runter. Die eindrucksvoll in Rot leuchtende Fachwerkbogenbrücke wurde 1908 installiert und bietet noch heute einen tollen Platz zum Innehalten und um den Blick über den Tegeler See schweifen zu lassen. Der Name entstammt dem Volksmund, denn vor dem Bau mussten die Menschen einen »Sechser«, sechs Pfennige, bezahlen, um mit dem Boot übergesetzt zu werden.

An der Greenwich-Promenade angekommen, winken links auch schon die Tegeler Seeterrassen.

5 Tegeler Seeterrassen
Speisen mit Retro-Charme

In dem Restaurant (www.tegeler-seeterrassen.de) mit 1950er-Jahre-Flair einmal essen zu gehen, ist für Einheimische genauso Pflicht wie ein Besuch auf dem Fernsehturm. Zwischen originalen Spitzendeckchen, braungetäfelter Wand, Kronleuchter und Messing-Garderobenständer fühlt man sich gleich 70 Jahre in der Zeit zurückversetzt. Vom sehr leckeren Kuchen über gute Berliner Küche bis zum ausgefallenen Gericht: Die Speisekarte ist kurz, aber alles darauf sehr sorgsam ausgewählt. Auf der großen Terrasse lassen sich die vielen Ausflugsboote herrlich beobachten.

Am Südende des Tegeler Sees endet auch der Fahrradrundweg. Hier links auf den Waldweg, die Bernauer Straße überqueren und im 45-Grad-Winkel links halten, bis man auf den Zaun um den ehemaligen Flughafen Tegel trifft. Linksseitig entlang des Zaunes immer geradeaus fahren, dann nach rechts auf den Schwarzen Weg bis zur Badestelle vom Flughafensee.

Von der Sechserbrücke hat man einen wunderbaren Blick über den Tegeler See

Das Interieur ist nicht retro, sondern original. Ein Berliner Original eben

EXTRA INFOS:

Gegenüber vom Wildgehege liegt die ● **Badestelle Tegeler See**. Von dort hat man auch einen guten Blick auf die Villa Borsig gegenüber, wenn man ein Stück nach rechts das Ufer entlanggeht.

Die ● **Dicke Marie** an der Spitze des Tegeler Sees nicht verpassen. Der vermutlich älteste Baum Berlins ist heute ein lebendes Denkmal.

KM 28 » ZIEL
S-Bahnhof Tegel

KM 25

6 Flughafensee

Päuschen an der schönsten Badestelle

Mutige springen hier sogar im Winter hinein: Die Badestelle am Flughafensee ist zwar leider kein Geheimtipp mehr, aber trotzdem unbedingt zu empfehlen, insbesondere in der Nebensaison. Ein traumhafter Sandstrand umgeben von komplett unbebautem, natürlichem Ufer und Wald – man könnte sich glatt allein auf der Welt wähnen. Im Sommer gut gefüllt, ist es außerhalb der Saison erstaunlich leer. Einige lustig bemalte Holzbänke und Tische laden zum Sitzen ein, und sogar ein Toilettenhäuschen ist vorhanden.

Zurück an der Justizvollzugsanstalt Tegel entlang bis zur Bernauer Straße am U-Bahnhof Holzhauser Straße. Zum S-Bahnhof Tegel nach links auf die Berliner Straße fahren, an der Veitstraße rechts und bei der Buddestraße links.

Einer der wohl schönsten Strände Berlins: der Badestrand am Flughafensee

AUF EINEN BLICK
» Start: S-Bahnhof Spandau
» Ziel: S-Bahnhof Tegel
» Strecke/reine Radelzeit: 28 km (Streckentour), 2 Std. 30
» Höhenmeter: ↗11 m, ↘10 m
» Wegbeschaffenheit: Erste Hälfte sehr gut asphaltiert, zweite Hälfte mal fester, mal lockerer, etwas steiniger Waldboden.
» Beste Zeit: Durchgängig toll, an Wochenenden im Sommer etwas voll. Im Winter verkehrt bei schwierigen Verhältnissen keine Fähre.
» Mitnehmen: Eventuell Badesachen, Kleingeld für die Fähre und die Futterautomaten am Gehege.
Brandenburg
Berlin
NSG
Neuendorfer Heide
Havel
KONRADSHÖHE
AB AUF DIE FÄHRE
NSG
Havel
Stadtpark
SO GEHT »SCHÖNER WOHNEN«
Kleiner Wall
Spandauer See
Wasserstadt Spandau
2
FALKENHAGENER FELD
Spektelake
Großer Spektesee
PERFEKTE FAHRRAD-PROMENADE
Zitadelle Spandau
HASELHORST
1
Zitadelle Spandau
SPANDAU
S-Bahnhof Spandau
START
Ruhlebener Altarm
N
0
1
2 KM

Referenzfläche
Dicke Marie
4 Sechserbrücke
5 Tegeler Seeterrassen
ZIEL S Berlin-Tegel
3 Wildgehege Tegel
Badestelle Tegeler See
Tegeler Forst (südl. Teil)
Großer Malchsee
Tegeler Hafen
WITTENAU
TEGEL
BORSIGWALDE
Borsighafen
Tegeler See
Lindwerder
WALDSTRECKE MIT WASSERBLICK
6 Strand am Flughafensee
Flughafensee
A 111
SUPER BLICK AUF DEN ALTEN FLUGHAFEN
Berlin-Spandauer Schifffahrtskanal
Volkspark Jungfernheide und Dauerwaldchen Siemensstadt
Jungfernheideteich
Wilhelm-von-Siemens-Park
CHARLOTTENBURG-NORD
SIEMENSSTADT
A 100
Westhafenkanal
Spree
Belvedere

DIE RADELPAUSEN
» START
Bahnhof Caputh-Geltow
KM 4
1 Petzow
Einmal auf den Kirchturm
KM 10
2 Telegrafenstation
Rast zwischen Apfelbäumen
KM 16
3 Selbstpflückhof Deutscher
Den Obstproviant aufstocken

Rund um Werder

Der Panoramaweg Werderobst und die charmanteste aller Inseln, die Insel Werder, sind All-Time-Klassiker – es gibt kaum hübschere Plätze nahe Berlin. Doch Vorsicht: Der Magen sollte bei dieser Tour lieber groß sein.

KM 34

5 Insel Werder

Urlaubsgefühl galore!

KM 31

4 Fischerhof Kühn

Fischbrötchen mit Aussicht

Bahnhof Caputh-Geltow

DEN ZAUBER DER APFEL-BLÜTE …

… versteht nur, wer schon einmal im Blütenmeer der Werderschen Apfelplantagen gebadet und den leckeren Wein der regionalen Bauern gekostet hat. Die Stadt hat für dieses Erlebnis nicht nur das berühmte Baumblütenfest, sondern auch einen eigenen Weg kreiert: den Panoramaweg Werderobst. Hier geht es ziemlich steil mitten durch die verschiedenen Obstplantagen und Streuobstwiesen. Von oben hat man einen zauberhaften Blick auf die Stadt Werder.

DER SCHÖNSTE MOMENT: OBEN STRAHLT DER BLAUE HIMMEL, UNTEN DIE STADT WERDER UND NEBENAN LEUCHTEN DIE ÄPFEL

Zur Apfelblüte ist die Strecke grandios, allerdings auch gut gefüllt. Noch mehr lohnt sich die Tour daher im Herbst: Dann herrscht nicht nur weit weniger Andrang, sondern man kann sich auch an jeder Ecke durchschlemmen, ob nun dank dem Fallobst vom Wegesrand, dem Selbstpflück-Feld oder verschiedenen Restaurants, die nicht weit entfernt von der Route liegen und in denen eine großartige regionale Auswahl angeboten wird. Wenn die Äpfel dann auch noch gerade richtig knackig rot auf den Feldern leuchten, ist die Stimmung perfekt. Die Möglichkeiten zur Einkehr und zum Selberpflücken sind üblicherweise vor Ort auf festen Infotafeln oder improvisierten Pappschildern angebracht , die weisen den Weg.

Zur Blüte- oder Erntezeit: Der Panoramaweg Werderobst ist immer ein Highlight

Gelegenheiten, selbstgemachten Wein zu kosten, gibt es an verschiedenen Ständen. Hier sollte der Magen entweder gut vorbereitet sein, oder man packt sich einfach eine Flasche für Zuhause in den Fahrradkorb.

Am Ende der Tour gibt's dann noch das pure Urlaubsgefühl auf der Insel Werder, die heute mit dem sanierten Schick vieler Gründerzeithäuser, Villen und kleiner Häuschen aufwartet. Ein Rundgang ist unbedingt zu empfehlen, dann folgt die Qual der Wahl bei der Einkehr, denn Essen kann man auch hier überall sehr gut.

Einkehrmöglichkeiten, Selbstpflückfelder und Verkäufe sind am Wegesrand ausgeschildert

Das Ziegeleimuseum Glindow lohnt einen Abstecher

Auf dem gut ausgebauten Weg rollt es sich herrlich durch Plantagen und alte Streuobstwiesen

RADELN & GENIEßEN

»START

Bahnhof Caputh-Geltow

Der Alten Ladestraße über den Wentorfgraben folgen, links in die Straße Baumgartenbrück. Rechts die Auffahrt zur Berliner Chaussee nehmen, die über die Havel hinwegführt. Im Kreisverkehr die zweite Auffahrt zur Straße Am Schwielowsee nehmen.

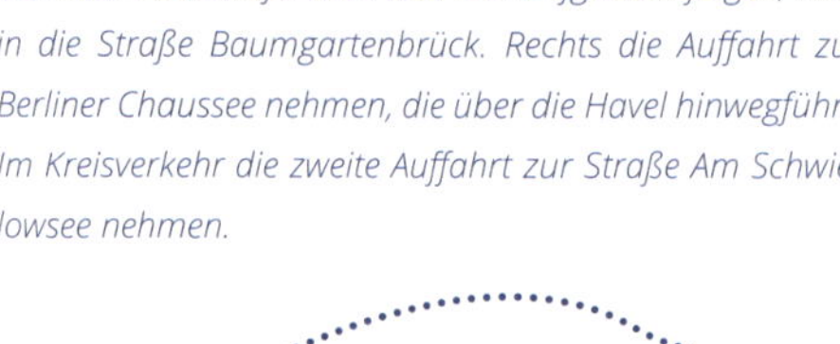

KM 4

1 Petzow

Einmal auf den Kirchturm

Das schöne Schloss Petzow im Tudorstil ist nur von außen zu besichtigen – und allemal ein schöner Anblick. Auf dem kleinen Hügel direkt gegenüber steht eine Kirche, auf deren Turm man unbedingt hinaufsteigen sollte. Herrscht gutes Wetter, sieht man weit über die Seen, Wälder und Hügel des Havellandes. Bei dem Entwurf von Kirche und Schloss hatte kein Geringerer als Karl Friedrich Schinkel seine Hände im Spiel. Übrigens: Nur ein paar Schritte von der Kirche entfernt liegt der empfehlenswerte Sanddorngarten (www.sanddorn-garten-petzow.de).

Neben dem Parkplatz zur Kirche die kleine Straße Richtung Forellenhof nehmen, dann links in die Straße Am Rüsterhorn. Nach dem Ziegeleimuseum über die Alpenstraße weiterfahren, im Kreisverkehr die erste Ausfahrt nehmen, danach sofort links in die Ziemensstraße. Nach 200 Metern rechts in die Glindower Mühlenstraße. Nun geht es ordentlich aufwärts, ab hier führen die Schilder zum Panoramaweg Werderobst.

Vom Kirchturm in Petzow geht der Blick weit über das Havelland

Bloß nicht das Körbchen für diese Schlemmertour vergessen, denn für wenig Geld gibt's fette Beute

Weite Apfelplantagen haben heute häufig die Streuobstwiesen ersetzt. Sie sind einfach ertragreicher

Telegrafenstation
Rast zwischen Apfelbäumen

Sie sieht so unscheinbar aus, die optische Telegrafenstation, und ist doch eine kleine Wundererfindung: 1832 war man mit Hilfe der beweglichen Arme in der Lage, von dieser Station bis Konstanz bei guter Sicht innerhalb von 40 Minuten Nachrichten zu übermitteln – über mehrere Stationen natürlich. Je nach Wetterlage hat man am Rastplatz ebenfalls einen tollen Blick auf Werder und die Obstplantagen, alleine deshalb lohnt sich hier die Pause. Sind die wenigen Bänke bereits besetzt, einfach weiterfahren, nach kurzem Weg ergibt sich eine zweite Gelegenheit.

Im Zickzack verläuft der Weg nun weiter durch die Werderschen Alpen.

KM 16

Selbstpflückhof Deutscher
Den Obstproviant aufstocken

Wer zur richtigen Zeit im Herbst kommt, kann an verschiedenen Stellen das Obst selbst pflücken, dafür auf die Hinweisschilder achten. Einer dieser Höfe ist Deutschers Pomona-Garten und liegt direkt links hinter der Lehniner Chaussee (obstbauverein-werder.de/pomonagarten.html). Falls geöffnet ist, gibt es neben selbstgepflückten Äpfeln, Birnen und Pflaumen meist noch ein paar selbstgemachte Leckereien wie Johannisbeerwein oder Marmelade, manchmal sogar vom Stand nebendran ein paar herzhafte Kleinigkeiten. Eine andere Möglichkeit ist natürlich das Fallobst vom Wegesrand, zum Beispiel in der Allee der Apfelbäume nach der nächsten Biegung. Was nicht eingezäunt ist, darf offiziell geerntet werden, bitte aber genügend für andere dalassen.

Den Panoramaweg verlassen und die Straße Derwitzer Winkel nehmen. Vor der Bahnlinie auf der Kemnitzer Dorfstraße rechts abbiegen und rechts auf die Kemnitzer Waldstraße, die unter der A10 hindurchführt. Achtung, hier gibt es eine kleine Brücke über den Plessower See, das Fahrrad muss zwei Stufen gehoben werden! Auf Waldboden mit etwas sandigem Untergrund geht es nach Plessow. Links der Fahrradroute auf dem Weg Morgenstücke folgen. Nach einer Rechtskurve endet der Weg an der B1. Dieser links Richtung Werder Insel nachfahren. Nun in die Straße Am Plessower See links einbiegen und den Schildern zum Fischerhof Kühn folgen.

Auf dem Fischerhöfchen lässt es sich glatt länger verweilen

KM 31

Fischerhof Kühn

Fischbrötchen mit Aussicht

Der Fischerhof Kühn (www.fischerhof-kuehn.de) hat nicht nur die leckersten Fischbrötchen weit und breit, sondern auch noch die beste Aussicht. Neben dem Bootsschuppen sitzt man auf alten Holzbänken gemütlich auf einer kleinen Landzunge mit Blick auf den Großen Plessower See – idyllischer geht's nicht. Natürlich wird noch selbst geräuchert. Die Auswahl zwischen Zander, Hecht, Wels, Forelle, Butterfisch und Heilbutt setzt sich wie fast überall üblich sowohl aus Eigenfang wie aus Zukauf zusammen. Die nette Bedienung informiert auf Nachfrage über Herkunft und Zubereitung und schwatzt auch gerne mal über den heutigen Fischerberuf im Wandel.

Zurück auf der Straße geht es immer geradeaus über die Berliner und Brandenburger Straße auf die Insel Werder.

Eventuell die leckersten Fischbrötchen des ganzen Havellandes

EXTRA INFOS:

Hinter den Glindower Alpen befindet sich das sehenswerte ● **Ziegeleimuseum Glindow** (www.ziegeleimuseum-glindow.de).

In Kemnitz kann man sich beim beliebten ● **Restaurant Zum Rittmeister** (www.zum-rittmeister.de) stärken.

KM 40 » ZIEL

Bahnhof Caputh-Geltow

KM 34

Insel Werder

Urlaubsgefühl galore!

Werder hat einen für Brandenburg ganz einmaligen Charme, der irgendwo zwischen Fischerinsel und Gründerzeit-Städtchen angesiedelt ist. Der Inselrundweg führt an hübschen sanierten Fischerhäusern, kleinen Bürgerhäusern und Villen vorbei. Dieser Teil von Werder wirkt wie aus der Zeit gefallen. Die kleinen Kieke-Häuser in den Gärten zum Wasser haben eine alte Fischertradition und werden heute oft als Arbeits- oder Galerieraum genutzt. Unzählige schöne, historische und kulinarisch empfehlenswerte Restaurants und Cafés laden zur Einkehr, zum Beispiel das Café Hagemeister (cafe-hagemeister-werder.de), in dem man gleich noch ein bisschen shoppen kann.

Zurück zum Bahnhof führt der Weg von der Insel links über die Potsdamer Straße und Berliner Chaussee. Den bereits bekannten Kreisverkehr an der zweiten Ausfahrt verlassen, die Havel überqueren und wieder über Baumgartenbrück und Geltower Chaussee zum Bahnhof fahren.

Auch im Café Duval sitzt man herrlich mitten in der Altstadt Werders

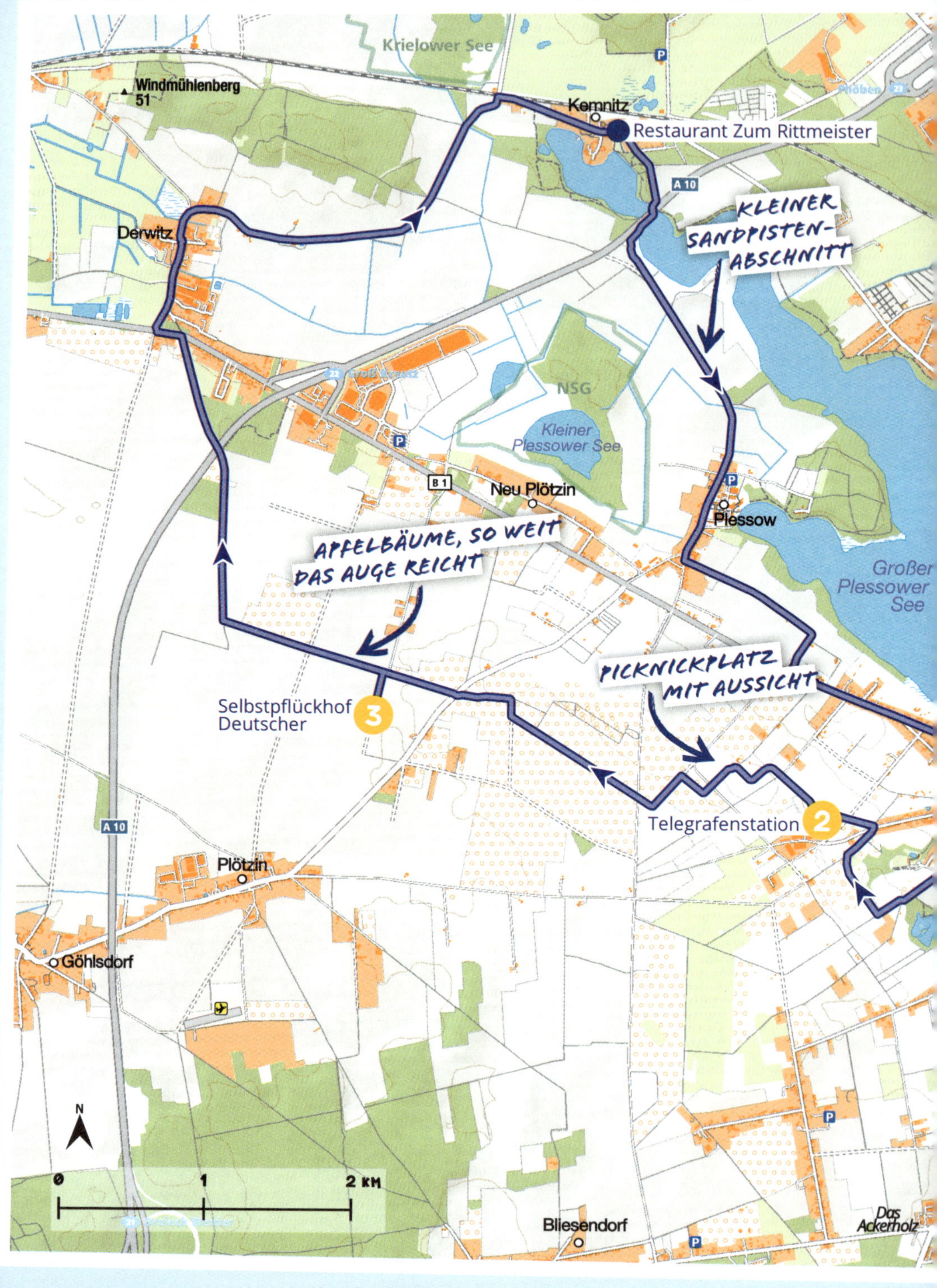

Krielower See
Windmühlenberg
51
Kemnitz
Restaurant Zum Rittmeister
Phöben
A 10
KLEINER SANDPISTEN-ABSCHNITT
Derwitz
Groß Kreutz
NSG
Kleiner Plessower See
B 1
Neu Plötzin
Plessow
Großer Plessower See
APFELBÄUME, SO WEIT DAS AUGE REICHT
PICKNICKPLATZ MIT AUSSICHT
Selbstpflückhof Deutscher
3
Telegrafenstation
2
A 10
Plötzin
Göhlsdorf
N
0
1
2 KM
Bliesendorf
Das Ackerholz

AUF EINEN BLICK

- **Start/Ziel:** Bahnhof Caputh-Geltow
- **Strecke/reine Radelzeit:** 40 km (Rundtour), 3 Std. Die Tour kann ab Derwitz abgekürzt werden. Dafür weiter auf dem Panoramaweg bis Bahnhof Groß Kreuz (25 km, 1 Std. 45)
- **Höhenmeter:** ↗41 m, ↘41 m
- **Wegbeschaffenheit:** Meist asphaltiert oder guter fester Kiesweg, an wenigen Stellen Sandweg.
- **Beste Zeit:** Entweder zur Apfelblüte (April/Mai) oder zur Erntezeit (September/Oktober.)
- **Mitnehmen:** Bargeld und Tasche für Einkäufe am Wegesrand, Kaffee/Tee für eine Rast zwischen Werderobst.

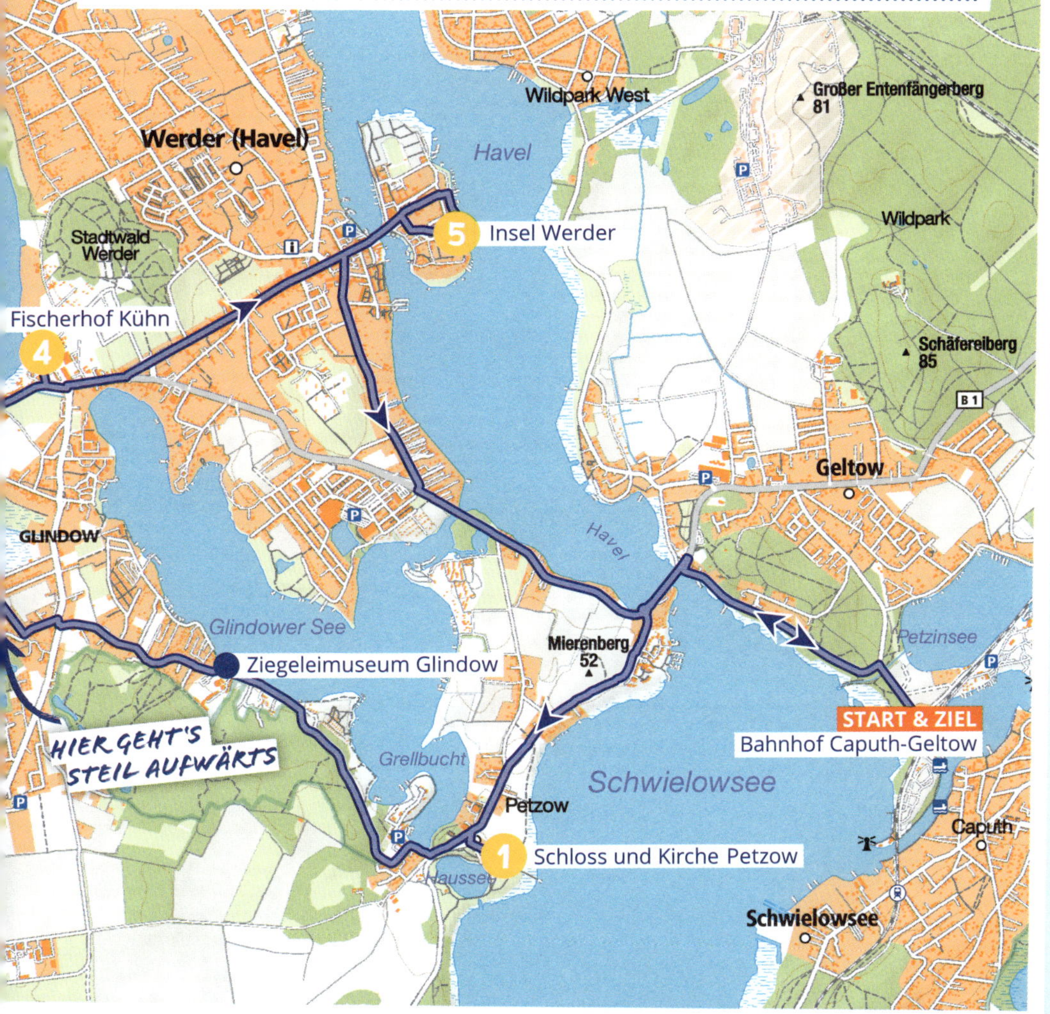

DIE RADELPAUSEN

»START
S-Bahnhof Karow

KM 2
1
Karower Teiche
Eine Runde durchs Kleinbiotop drehen

KM 12
2
Steine ohne Grenzen
Friedenskunst im Wald

KM 13
3
Gutshof Hobrechtsfelde
Picknickpause mit historischem Ausblick

7

IN DIE HEIDE

Von Karow nach Wandlitz

Der Barnim wartet mit vielen Naturschätzen und schönen Wasseradern auf: Vom tiefgrünen Mischwald über die violett strahlende Heide bis zum türkisen Wasser des Liepnitzsees geht es heute auf eine farbenprächtige Tour.

KM 17

4 Schönower Heide
Lila Pracht bestaunen

KM 29

5 Liepnitzsee
Türkise Badefreuden

KM 32 » ZIEL

Bahnhof Wandlitzsee

NIX LOS IM BARNIM, …

… könnte man meinen. Mischwald und Wiesen wechseln sich im Naturpark ab, zwischendurch das hübsche Panketal und ein paar kleine Dörfer. Doch beim genaueren Hinsehen kann viel entdeckt werden, zum Beispiel das Landschaftsschutzgebiet Westbarnim, das sich im Panketal über knapp 500 Hektar erstreckt und mit tadellosen Fahrradwegen lockt. Die ehemaligen Rieselfelder sind nicht nur kulturhistorisches Gebiet, sondern bieten heute zahlreichen Tier- und Pflanzenarten einen ganz besonderen Lebensraum.

DER SCHÖNSTE MOMENT: WENN DAS LILA MEER DER HEIDE VOR EINEM LIEGT

Durch die schöne Schönower Heide mit ihrem sandigen, von Kiefern und Birken durchzogenen Gebiet und einem ganz eigenen Charakter radelt es sich auf dem Kiesweg etwas gemächlicher. Doch hier lohnt es sich ohnehin innezuhalten, besonders wenn sich die Region im Spätsommer in ein herrliches Meer aus Lila- und Pink-Tönen verwandelt. Dann ist sie ganz sicher ein Highlight dieser Tour – zumindest wenn die Trockenheit nicht wieder zugeschlagen hat. Sogar Hirsche, Rehe und Mufflons lassen sich entdecken. Weiter geht's auf wunderbarem Asphalt durch tiefgrünen Wald, und nach dem Lila folgt das erstaunlich türkise Wasser des Liepnitzsees. Was für ein passendes Pendant! Die Farbe ist wohl auch Schuld, dass dies einigen Einheimischender liebste See ist. Zudem liegt er abseits des Autoverkehrs, weshalb eben nur Leute zu Fuß und per Fahrrad kommen und es immer noch ruhiger zugeht als an vielen anderen Gewässern.

Doch nicht nur tolle Natur gibt es im Barnim: Mitten im Wald gibt es Kunst zu entdecken, am historischen Kornspeicher Hobrechtsfelde lässt es sich wunderbar picknicken, und wer noch nicht genug hat, besucht in Wandlitz das Barnim-Panorama, eine Ausstellung über die Region.

Manchmal ist allerdings wirklich weniger los im Barnim, daher unbedingt etwas mehr Proviant einpacken und sich auf Selbstversorgung einstellen, insbesondere im Herbst, wenn die Hochsaison vorbei ist. «

Augen auf: Im Barnim lässt sich viel Natur erleben

Auf Häuserschau im alten Hobrechtsfelde

Viele Strecken führen im Barnim durch angenehm schattigen Mischwald

RADELN & GENIEßEN

S-Bahnhof Karow

Vor dem Bahnhof ein kurzes Stück links, dann rechts in die Pankgrafenstraße. Nach Überquerung der Panke rechts in den Pankeweg. Nach 500 Metern links ins Naturschutzgebiet Karower Teiche.

Ein Naturbiotop mitten im Siedlungsgebiet: die Karower Teiche

Karower Teiche

Eine Runde durchs Kleinbiotop drehen

Informationstafeln klären über Renaturierungsmaßnahmen und Flora und Fauna auf

Die Karower Teiche im Berliner Stadtgebiet entstanden durch Fischzucht und Torfabbau, der vor 100 Jahren im Feuchtgebiet von Panke und Lietzengraben betrieben wurde. Später dienten die Teiche zur Nachklärung der umliegenden Rieselfelder. Heute sind sie Lebensraum für diverse Amphibien-, Vogel- und Pflanzenarten, von denen einige auf der Roten Liste gefährdeter Arten des Landes Berlin stehen. Zwischen den Gewässern kann wunderbar flaniert und geradelt werden. Auf den Aussichtsplattformen lohnt es sich, den Blick schweifen zu lassen und diverse Vögel zu beobachten. Der Weg führt hinter den Teichen nach rechts durch schöne Wiesen, an der A10 erneut nach rechts und zum Pankeweg zurück.

Zurück am Pankeweg diesen nach links weiterfahren. Hinter dem S-Bahnhof Buch rechts auf die Wittbergstraße und die Gleise unterqueren. Anschließend links den Röntgentaler Weg durch den Schlosspark Buch nehmen und dem ausgeschilderten Pankeweg folgen. An der Schönerlinder Straße den Pankeweg verlassen und links abbiegen. Am Ende bei der Hobrechtsfelder Dorfstraße rechts abbiegen.

Verschiedene Künstler:innen beteiligen sich am Kunstprojekt Steine ohne Grenzen

KM 13

3

Gutshof Hobrechtsfelde

Picknickpause mit historischem Ausblick

Der hübsche Ort Hobrechtsfelde (www.agrar-hobrechtsfelde.de) fällt schon beim Hineinfahren mit seinen schönen alten Häusern auf. Am Gutshof ist zwar nur am Wochenende etwas los und der denkmalgeschützte historische Kornspeicher nur samstags und sonntags geöffnet, aber das Gelände darf auch unter der Woche betreten werden. Polnische Konik-Pferde und schottische Hochlandrinder stehen auf den umliegenden Weiden, am Gutsspeicher selbst finden regelmäßig Veranstaltungen statt. Und sollte mal gar nichts los sein, macht das nichts, denn auch dann kann wunderbar an den Holztischen gepicknickt und einfach ein bisschen die Landschaft genossen werden.

Die Hobrechtsfelder Dorfstraße bis zum Ende fahren und in der Schönwalder Chaussee links abbiegen. Nach 300 Metern liegt rechts der Eingang zur Schönower Heide.

KM 12

2

Steine ohne Grenzen

Friedenskunst im Wald

Die über 100 Skulpturen im Bucher Forst erinnern an die Idee einer völkerverbindenden »Straße der Skulpturen Paris-Moskau« von Maler und Bildhauer Otto Freundlich, der im Zweiten Weltkrieg von Nationalsozialisten ermordet wurde. Freundlich plädierte für eine Kunst, die die Menschheit daran erinnern sollte, das Soziale neu zu denken und eine Einheit zu werden. Neben anderen bereits realisierten Abschnitten nahm der in Berlin-Buch lebende Künstler Rudolf Kaltenbach diese Idee auf und initiierte das Bildhauersymposium Steine ohne Grenzen, das seit 2001 an verschiedenen Orten Skulpturen als Zeichen gegen Krieg und für Völkerverständigung aufstellt. Das Denkmal »Kinder für Kinder«, das an verstorbene Kinder von Zwangsarbeiterinnen auf den Rieselfeldern Blankenfeldes erinnert, stammt von Kaltenbach selbst.

Die Hobrechtsfelder Dorfstraße zurückfahren und weiter geradeaus. Bei der Nummer 45 befindet sich der alte Gutsspeicher.

Das alte Gut Hobrechtsfelde lädt als Treffpunkt der Region zu einer Picknickpause ein

Der Liepnitzsee bezaubert mit seiner türkisgrünen Farbe

KM 17

4

Schönower Heide

Lila Pracht bestaunen

Ein sehr gut zu befahrener Kiesweg führt ins Herz der Schönower Heide zu einem herrlichen Aussichtspunkt. Mehrere Schilder auf der Strecke erzählen vom ehemaligen Militärgebiet, das im Jahr 2000 als Naturschutzgebiet ausgewiesen wurde. Schön ist zu sehen, wie die Sandflächen inklusive einiger Binnendünen immer wieder verbuschen, also natürlicherweise zuwachsen. Um die auf den kargen Flächen mittlerweile angesiedelten, teils seltenen Pflanzen- und Insektenarten zu schützen, wurde die Beweidung mit Dam-, Rot- und Muffelwild eingeführt. Die Tiere zeigen sich den Gästen recht häufig. Den Hauptweg mit dem Fahrrad besser nicht verlassen, denn dann wird sogar das Schieben aufgrund des tiefen Sandes schwierig. Daher besser auf gleichem Weg zurück zum Eingang fahren.

Die Schönwalder Chaussee wieder zurück und weiter geradeaus nach Schönow. Links in Am Lanker Weg einbiegen, diesen immer geradeaus bis zur Wandlitzer Chaussee fahren und links ab. Der Radweg führt nach rund vier Kilometern rechts in den Wald hinein zum Liepnitzsee.

Zwischen Ende August und Mitte September blüht die Heide

EXTRA INFOS:

Das ● **Strandbad Wandlitz** ist eines der beliebtesten Strandbäder Brandenburgs und bietet sich im Sommer für ein herrlich erfrischendes Tourende an.

In der Nähe des Wandlitzer Sees informiert das ● **Naturparkzentrum Barnim Panorama** (www.barnim-panorama.de) über den Barnim, seine Geschichte, Flora und Fauna. Dank der modernen Architektur ist es Außen wie Innen sehr sehenswert.

5 Liepnitzsee

Türkise Badefreuden

Bahnhof Wandlitzsee

Schon der Buchenwald rund um den Liepnitzsee ist sehr sehenswert, während der See selbst erstaunlich türkisgrün erstrahlt und mit wunderbar klarem Wasser sowie einem herrlich bewachsenen Ufer lockt, an dem sehr viele kleine Badebuchten zum Verweilen einladen. Ein Rundweg führt teils am Ufer, teils auf einem Höhenweg entlang, der tolle Blicke von oben auf den See freigibt. Wer energisch winkt, kann mit der kleinen Fähre Frieda von Ützdorf auf die Insel Große Werder übersetzen. Dort befinden sich ein Zeltplatz und ein kleiner Imbiss.

Am Ostufer einen Weg nach Osten wählen. Nach wenigen hundert Metern ist der Wald zu Ende und das kleine Städtchen Wandlitz erreicht. Auf der Prenzlauer Allee nach rechts fahren, um zum Strandbad und Bahnhof zu kommen.

Ein uriger Buchenwald zieht sich vom Liepnitzsee bis nach Wandlitz

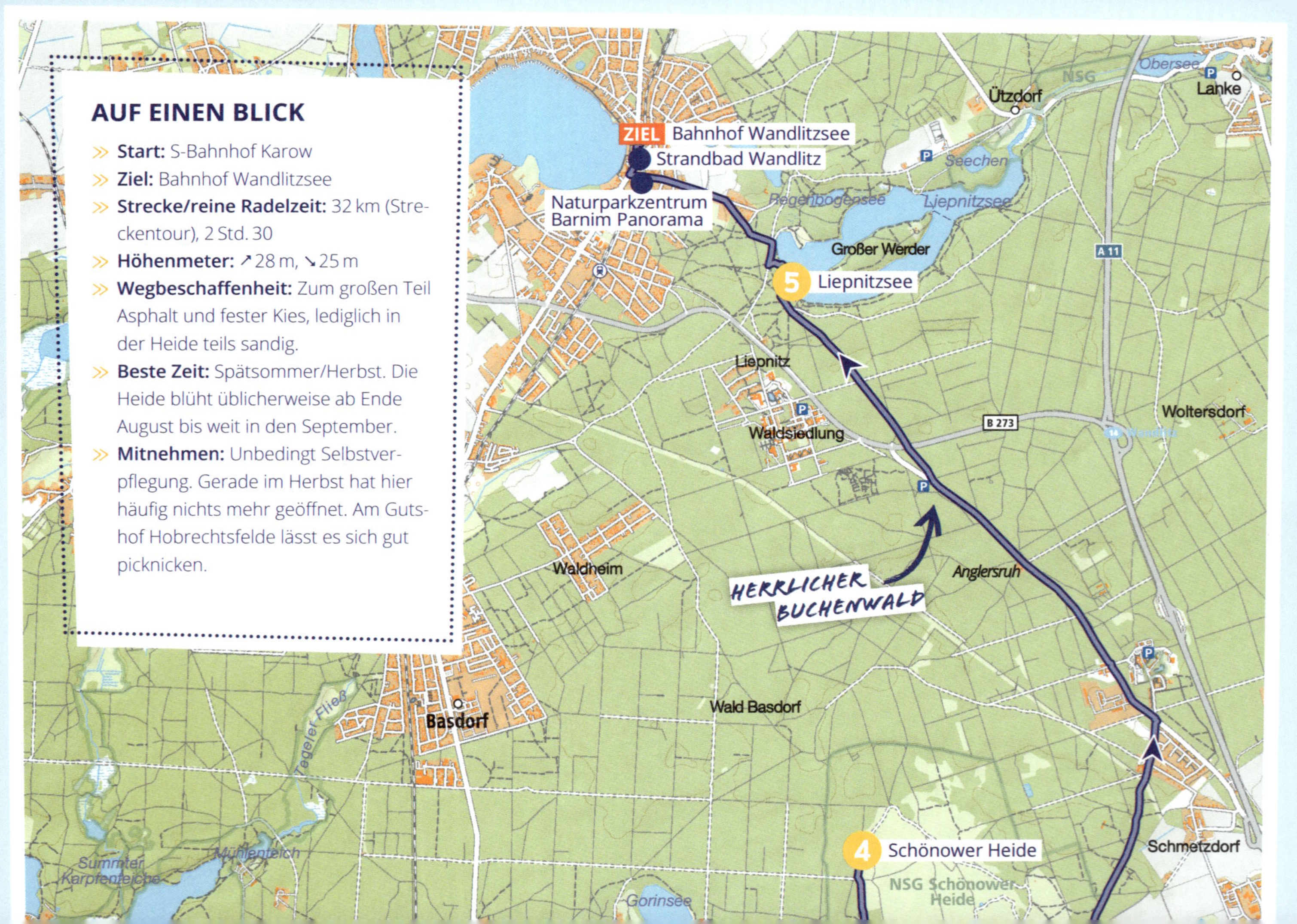

AUF EINEN BLICK

- **Start:** S-Bahnhof Karow
- **Ziel:** Bahnhof Wandlitzsee
- **Strecke/reine Radelzeit:** 32 km (Streckentour), 2 Std. 30
- **Höhenmeter:** ↗28 m, ↘25 m
- **Wegbeschaffenheit:** Zum großen Teil Asphalt und fester Kies, lediglich in der Heide teils sandig.
- **Beste Zeit:** Spätsommer/Herbst. Die Heide blüht üblicherweise ab Ende August bis weit in den September.
- **Mitnehmen:** Unbedingt Selbstverpflegung. Gerade im Herbst hat hier häufig nichts mehr geöffnet. Am Gutshof Hobrechtsfelde lässt es sich gut picknicken.

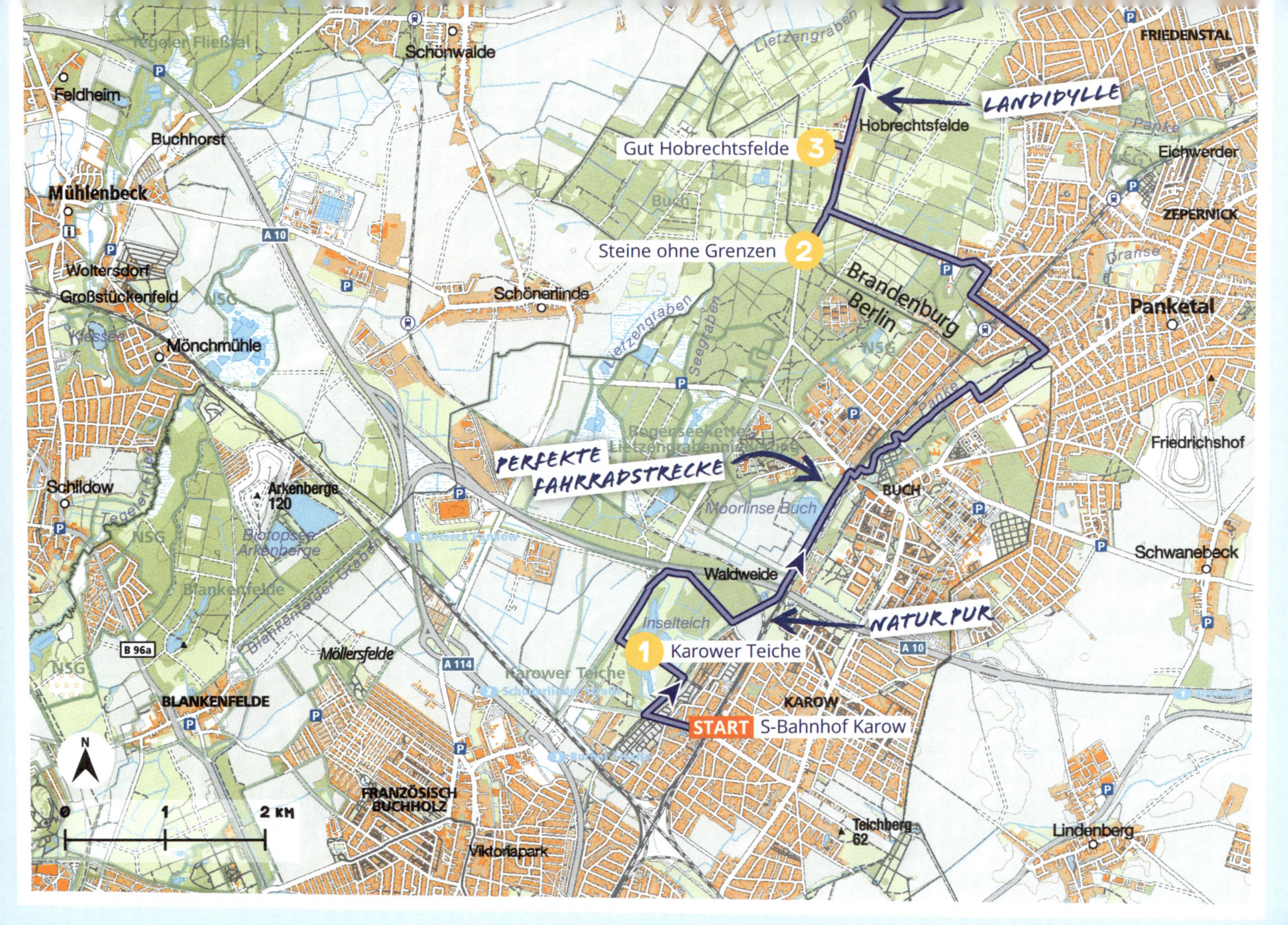

START S-Bahnhof Karow
1 Karower Teiche
2 Steine ohne Grenzen
3 Gut Hobrechtsfelde
LANDIDYLLE
NATUR PUR
PERFEKTE FAHRRADSTRECKE
Schönwalde
Feldheim
Buchhorst
Mühlenbeck
Woltersdorf
Großstückenfeld
Mönchmühle
Schildow
Schönerlinde
Hobrechtsfelde
Brandenburg
Berlin
Panketal
FRIEDENSTAL
Eichwerder
ZEPERNICK
Friedrichshof
Schwanebeck
BUCH
Moorlinse Buch
Waldweide
Inselteich
KAROW
Arkenberge 120
Möllersfelde
BLANKENFELDE
FRANZÖSISCH BUCHHOLZ
Viktoriapark
Teichberg 62
Lindenberg
A 10
A 114
B 96a
N
0
1
2 KM

DIE RADELPAUSEN

>> START
S-Bahnhof Köpenick

KM 2
1 Schloss Köpenick
Auf ganz alten Wegen

KM 2,5
2 Im Kietz
Köpenicks alte Fischersiedlung bewundern

KM 15
3 Restaurant Strandlust
Genießen am besten Wasserplatz

8 VOM LEBEN AM WASSER

Entlang der Dahme zwischen Köpenick und Königs Wusterhausen

Noch heute finden sich zwischen Köpenick und Königs Wusterhausen an den Ufern der Dahme die Überbleibsel charmanter Fischerdörfer, prächtige Villen einstiger Magnaten und Herrschaftssitze mit langer Geschichte.

KM 26
4 Schloss Königs Wusterhausen
DEFA-Gefühle

KM 27
5 Weinladen am Kanal
Kurz absacken

KM 27 » ZIEL
S-Bahnhof Königs Wusterhausen

AN FÜRSTLICHEN VILLEN UND KLEINEN HÄUSCHEN ...

... führt der Dahme-Radweg entlang, jedenfalls auf dem Abschnitt Köpenick bis Königs Wusterhausen. Anfang und Ende bilden dabei zwei ganz unterschiedliche Schlösser mit langer Geschichte. Fast 1000 Jahre haben hier die Mächtigen auf das Wasser der Dahme geschaut..

Dazwischen finden sich heute die Geschichten der Menschen, die mit und am Wasser lebten. Die Berliner:innen haben längst den Charme dieser Region für sich entdeckt. Nicht immer ist alles pittoresk, und manches ist gar skurril. Schönes und weniger Schönes, ein spannender Stilmix aus 200 Jahren, zwei Bundesländern sowie vergangener und aktueller Zeiten trifft zusammen. Immer noch können kleine Fischerhäuser und alte Dorfanger entdeckt werden, vor allem aber prächtige Häuser. Wer gerne Grundstücke auskundschaftet, kommt voll auf seine Kosten. Viele eindrucksvolle Villen stehen mit herrlichstem Wasserblick am Ufer, alte Häuser wurden saniert. Entlang der Dahme findet sich so ziemlich jeder Baustil, von der Gründerzeit über Platte, 1980er-Jahre-Verirrung bis Bauhaus. Zwischendrin: Segelbootvereine und Minihafen-Flair. Der Weg führt mal mehr, mal weniger am Wasser entlang, an zahlreichen Wassersportvereinen und am empfehlenswerten Strandbad Grünau vorbei, und mehrere Rastplätze laden zu einer Pause ein.

DER SCHÖNSTE MOMENT: HINTER DEM UNSCHEINBARSTEN RESTAURANT LÄDT DIE HERRLICHSTE WASSERTERRASSE ZUM SITZEN EIN

Maritimes Flair in Köpenick: Hier lebten die Menschen immer vom und mit dem Wasser

Wer allerdings einen ruhigen Ausflug ins Grüne erwartet, liegt eher falsch: Diese Tour hat eindeutig Vorortcharakter. Sie beginnt und endet jeweils in größeren Orten, in denen sich ein ausführlicher Altstadtspaziergang lohnt, daher gibt es naturgemäß jede Menge Einkehrmöglichkeiten. Den Geheimtipp unter diesen sollte man allerdings nicht verpassen, denn dort sitzt man auf einer der hübschesten Wasserterrassen an der Dahme. «

Entlang der Strecke können viele tolle alte Villen bewundert werden

Stets ein Highlight in Berlin: Eine Fahrt mit der BVG-Fähre

Sehr beliebt: das Strandbad Grünau

RADELN & GENIEßEN

» START

S-Bahnhof Köpenick

Vom Bahnhof die Bahnhofstraße nach Süden fahren und am Platz des 23. April links in die Lindenstraße. Auf der Brücke kurz Halt machen, um die Aussicht auf die Dahme zu genießen, die hier in der Spree mündet. Nach der Brücke auf der Straße Alt-Köpenick bleiben. Am Rathaus und an der fast lebensgroßen Figur des Hauptmanns von Köpenick vorbei geht's immer geradeaus auf die Schlossinsel.

Im Kietz in Köpenick stehen noch heute viele historische Fischerhäuser

KM 2

Schloss Köpenick

Auf ganz alten Wegen

Wo einst schon eine Slawenburg stand, befindet sich heute das barocke Schloss der Hohenzollern, dem alten Adelsgeschlecht. Heute ist darin ein Kunstgewerbe-Museum untergebracht (www.smb.museum/museen-einrichtungen/schloss-koepenick). Im hübschen Park am besten einmal eine Runde drehen und sacken lassen, dass dieser Ort bereits seit fast 1000 Jahren als wichtiges Herrschaftszentrum genutzt wurde, zum Beispiel vom berühmten Slawenfürsten Jacza von Köpenick, der lange gegen Albrecht den Bären kämpfte, bis Letzterer ihn besiegte und die Mark Brandenburg gründete. Beim Rundgang gibt es schöne Blicke auf die Wasserfronten Köpenicks.

Von der Schlossinsel kommend rechts in die Müggelheimer Straße, nach Überquerung der Kietzer Grabens rechts in die Straße Kietz.

Auf der heutigen Schlossinsel lebte bereits der berühmte Slawenfürst Jacza

Schönster Platz am Wasser: das Restaurant Strandlust

KM 15

3

Restaurant Strandlust

Genießen am besten Wasserplatz

Verborgen hinter einem völlig unscheinbaren Straßeneingang befindet sich im Restaurant Strandlust eine der hübschesten Wasserterrassen der ganzen Gegend (restaurant-strandlust.eatbu.com). Auf Holzdielen zwischen einer Mischung aus Palmen und Seefahrer-Kitsch gleitet der Blick über die Boote und die Weite des Wassers zwischen Langem See, Seddinsee und Dahme – eine der schönsten Gegenden im Berliner Umland. Wer urlaubsreif ist, möchte vermutlich gar nicht wieder aufstehen und trinkt noch eine Berliner Weiße mehr.

Zurück zur Brücke, erneut an Schmöckwitz vorbei und links in die Godbersenstraße. Links halten und in die Lindenstraße. Immer geradeaus. Der Hauptstraße folgend links in die Lindenallee. Nach drei Kilometern liegt links die auffällige Schwarzkopfsiedlung, ein restauriertes Arbeiterviertel der Belle Époque. Weiter geradeaus gen Süden bis zur A10. Entlang der zwar lauten Straße, aber auf gutem Radweg, bis zum Schlosspark Königs Wusterhausen. Hier rechts in die Gerichtstraße.

KM 2,5

2

Im Kietz

Köpenicks alte Fischersiedlung bewundern

Das Kopfsteinpflaster macht das Radeln etwas anstrengend, aber es gehört einfach hierher in die alte und noch fast ursprüngliche Fischersiedlung mitten in der Stadt mit den niedrigen Häusern, zwischen denen der alte Hafengeruch zu wehen scheint. Der Kietz war bereits im 14. Jahrhundert eine slawische Fischersiedlung und bis 1898 eine eigenständige Gemeinde. 17 historische Fischerhäuser sind noch erhalten und verzaubern durch ihre hübschen Fronten, bunten Fassaden und bemalten Fensterläden. Am besten einfach kurz absteigen und herumschlendern.

Weiter geradeaus führt die Gartenstraße in die Charlottenstraße. Hier die erste Straße rechts nehmen und der Wendenschlossstraße bis zur Müggelbergallee folgen, dann rechts zur Fähre F12 (AB-Ticket) und übersetzen. Anschließend links in die Regattastraße und dem Dahme-Radweg nach Süden folgen. In Schmöckwitz auf die Wernsdorfer Straße, über die Brücke und direkt hinter der Brücke links auf die Seddinpromenade: Hierfür hinter der Fußgängertreppe den kurzen Trampelpfad für Räder nutzen.

Das Schloss in Königs Wusterhausen bezaubert durch seine Schlichtheit

KM 26

4

Schloss Königs Wusterhausen
DEFA-Gefühle

Buchen und Eichen leuchten im herbstlichen Schlosspark

Das Schloss Königs Wusterhausen (www.spsg.de > Schlösser & Gärten > Schloss & Garten Königs Wusterhausen) mutet so zurückhaltend an wie Friedrich Wilhelm I.: Dem Soldatenkönig war Prunk und Protz verhasst, und er erkor das kleine schlichte Schloss zum Lieblings-Aufenthaltsort. Die Ursprünge des Gebäudes gehen auf das 14. Jahrhundert zurück, es wurde aus Feldsteinen erbaut und erstrahlt heute in weißgetünchten Wänden mit roten Bemalungen und Treppentürmchen. Von außen erinnert es ein bisschen an die DDR-Märchenfilme der DEFA. Im Innern befindet sich ein Museum. Bei einer kurzweiligen Führung werden der ungefähre Zustand des Schlosses im 18. Jahrhundert erläutert sowie 40 etwas eigentümliche Bilder gezeigt, die vom Soldatenkönig selbst geschaffen wurden.

Links in die Schlossstraße, den Nottekanal überqueren und links in die Bahnhofstraße. Nach 100 Metern liegt links der Weinladen am Kanal.

KM 26,1

Weinladen am Kanal

Kurz absacken

Wenn man es noch weit hätte, wäre der Weinladen am Kanal (www.kw-weinladen.de) vielleicht keine so gute Idee. Praktischerweise liegt er aber quasi gleich neben dem Bahnhof. Nach einem Gläschen zu viel kann man daher einfach schieben. Neben guten Weinen aus diversen Ländern hat der Laden vor allem eines zu bieten: Gemütlichkeit. An kalten Tagen lodert im Kamin oft ein Feuer und heizt den Backsteinmauern ordentlich ein. Zum Wein gibt es entweder Naschereien wie Käse und Oliven oder sehr leckeren Flammkuchen. Im Angebot sind auch einige alkoholfreie Weine.

Die Bahnhofstraße weiter bis zum Bahnhof fahren.

EXTRA INFOS:

Für alle Wasserratten: Das ● **Strandbad Grünau** kostet zwar etwas mehr, aber es ist extrem hübsch (strandbadgruenau.de). Komplett gratis liegt man dagegen auf der Badewiese Schmöckwitz. Dafür einfach nach dem Restaurant Strandlust (Stopp 3) in den Schwarzen Weg einbiegen.

Der kleine ● **Chinesische Garten** in Zeuthen ist kostenlos und bietet einen schönen Blick aufs Wasser.

Eine Übernachtung der anderen Art kann man auf dem Müggelsee in einem Hausboot mit eigener Sauna machen, der ● **Spree-Banja** (www.spreebanja.de).

KM 27 » ZIEL

S-Bahnhof Königs Wusterhausen

Im urigen Weinladen lodert ab Herbst ein gemütliches Kaminfeuer

START S-Bahnhof Köpenick
1 Schloss Köpenick
2 Im Kietz
Spree-Banja
AB AUF DIE FÄHRE!
Strandbad Grünau
DIREKT AM WASSER ENTLANG
3 Restaurant Strandlust
KÖPENICK
FRIEDRICHSHAGEN
ADLERSHOF
ALTGLIENICKE
GRÜNAU
BOHNSDORF
MÜGGELHEIM
RAHNSDORF
NEU BUCHHORST
Woltersdorf
Erkner
Gosen-Neu Zittau
Gosen
Neu Zittau
Eichwalde
Großer Müggelsee
Müggelsee und Fredersdorfer Mühlenfließ
Kleiner Müggelsee
Dämeritzsee
Dahme
Langer See
Große Krampe
Seddinsee
Wernsdorfer See
Alter Wernsdorfer See
Yachthafen Schmöckwitz
Krumme Laake
Müggelspreeniederung Köpenick
Spree
Teltowkanal
Gosener Kanal
Kanonenberge 70
Großer Müggelberg 114
Seddinberg 63
Grenzberge 59
Püttberge 68
Gosenberge 79
Kesselberg 72
Paschenberg 64
Falkenberg 59
Heideberg 43
NSG
A 117
Berlin
Brandenburg

AUF EINEN BLICK

- **Start:** S-Bahnhof Köpenick
- **Ziel:** S-Bahnhof Königs Wusterhausen. Achtung: Königs Wusterhausen liegt außerhalb der Stadtgrenze, nach Berlin wird ein Anschlussfahrausweis benötigt.
- **Strecke/reine Radelzeit:** 27 km (Streckentour), 2 Std.
- **Höhenmeter:** ↗ 9 m, ↘ 11 m
- **Wegbeschaffenheit:** Alter und neuer Asphalt, Kopfsteinpflaster an mehreren Stellen, Kiesboden.
- **Beste Zeit:** Am Wochenende, dann herrschen weniger Verkehr und Baulärm.
- **Mitnehmen:** Die Telefonnummer vom Weinladen, um sicherheitshalber vorher zu reservieren. Der Laden ist beliebt.

DIE RADELPAUSEN

»START
S-Bahnhof Erkner

KM 1
1 Gerhart-Hauptmann-Museum
In Literaturgeschichte eintauchen

KM 17
2 Naturbadestelle Unsal
Nass machen

KM 23
3 Große Tränke
Den Oder-Spree-Kanal begrüßen

9

AM FLUSS ENTLANG

Von Erkner nach Fürstenwalde

Immer am Wasser entlang geht es auf dieser Tour zu Löcknitz und Spree. Während die Löcknitz im tiefen Mischwald liegt, führt die Spree in wilden Kurven durch Feld und Flur mit schönen Ausblicken auf das kühle Nass und mindestens einer Badegelegenheit.

KM 28

4 Fürstenwalde Altstadt
Auf alten Wegen wandeln

KM 29

5 Café Herrlicher
Waffelfreuden

KM 30 » ZIEL

Bahnhof Fürstenwalde

ALLES FLIESST ...

... im bewaldeten Löcknitztal, das sich zwischen Löcknitz und Spree erstreckt und durch das herrlich geradelt und gewandert werden kann, schöne Aussichten auf die Flussadern inklusive. Erkner, ganz einfach mit der S-Bahn zu erreichen, ist ohnehin umgeben von vielen Seen und Wasserstraßen und lohnt für mehrere Entdeckungstouren.

DER SCHÖNSTE MOMENT: WENN SICH DIE WILDE SPREE AM HÜBSCHEN BADESTRAND ENTLANGSCHLÄNGELT

Auf dem gut zu befahrenen Löcknitz-Waldweg geht es besonders idyllisch zu, und der Fluss schimmert immer wieder durch die Bäume im schönen Mischwald mit farnbedecktem Boden. Steine und Unebenheiten lassen einen manchmal ein bisschen aus dem Sattel hüpfen, daher bleibt das Rennrad am besten zu Hause. An der Spree endet das Waldgebiet – umso schöner sind die Ausblicke aufs Wasser, und auch auf dem glatterem Untergrund rollt es sich nun sehr leicht.

Unzählige tolle Rastmöglichkeiten gibt es hier. Die schönsten Stellen haben sich wie üblich die Angelnden geschnappt, die anderen mögen einfach selbst entdeckt werden. Daher sollte man eine große Thermoskanne Tee einpacken und am besten auch gleich ein bisschen Proviant, denn die kleinen Einkehrmöglichkeiten an der Strecke haben unregelmäßig geöffnet und sind nichts für frühe Vögel. Auf dieser Tour macht man deshalb erst am Ende in Fürstenwalde eine ausgiebige Essenspause – dafür allerdings im umso schöneren Waffelhimmel.

Die beiden wichtigen Wasseradern der Region ließen früh Ortschaften, Mühlen und weitere Infrastruktur entstehen. Manche, wie die Stadt Fürstenwalde, erblühten und bieten heute vielen Menschen Lebensraum, von anderen sind nur noch Reste zu finden. Die Gemeinden haben Erinnerungs- und Informationstafeln aufgestellt; an einigen führt diese Tour entlang, zum Beispiel in Klein Wall mit seiner alten Schneidemühle.

Eine gute Portion Kultur gibt's auch am Anfang und Ende, insbesondere die Domstadt Fürstenwalde kann ein bisschen länger erkundet werden. Wer möchte, erweitert die Tour und fährt von Fürstenwalde weiter nach Müncheberg (siehe Tour 11). «

Viele Wege führen durchs Löcknitztal

Nicht selten steht ein verlassenes Haus mitten im Wald

Die Löcknitz zieht sich wild bewachsen entlang des Weges

RADELN & GENIEẞEN

»START
S-Bahnhof Erkner

Der Bahnhofstraße Richtung Südwesten folgen, am Kreisverkehr die zweite Ausfahrt in die Friedrichstraße und am nächsten Kreisverkehr die dritte Ausfahrt in die Gerhart-Hauptmann-Straße nehmen.

KM 1

Gerhart-Hauptmann-Museum

In Literaturgeschichte eintauchen

Der Literatur-Nobelpreisträger Gerhart Hauptmann lebte einige Zeit in Erkner und schrieb hier auch seine ersten Werke. In der hübschen Villa Lassen, Hauptmanns Wohnhaus von 1885 bis 1889, befindet sich heute das Gerhart-Hauptmann-Museum (www.hauptmannmuseum.de) mit originaler Einrichtung. Eine Stippvisite lohnt für Fans, wer nicht so tief eintauchen möchte, schlendert nur durch die kleine hübsche Parkanlage. Das Schild am Museum mit Informationen zu Hauptmann und seinem Werk ist das erste von vielen, die einem auf dieser Tour begegnen.

»Die vier Jahre in der Villa Lassen sind sozusagen die Ecksteine für mein Werk geworden«, so Gerhart Hauptmann

Der Straße rund 700 Meter folgen, dann links in den Oberförstereiweg. An der Chausseestraße links. Nach Überquerung der Löcknitz hinter dem Weltkriegsdenkmal rechts. 500 Meter geradeaus, danach rechts dem Weg bis Klein Wall folgen. Hier rechts abbiegen, an der Kleinwall'schen Schneidemühle vorbei die Löcknitz überqueren und den Weg geradeaus nehmen. Nach drei Kilometern knickt der Weg rechts Richtung Althangelsberg ab. Die Gleise überqueren und auf den Berliner Damm links einbiegen. Nach 1,5 Kilometern die Lindenstraße nach rechts nehmen. Am Ende trifft die Straße auf die Spree. Weiter nach Westen über die Hauptstraße und an der Berliner Landstraße entlang.

KM 17

2

Naturbadestelle Unsal

Nass machen

Wer nicht schon Halt am Rastplatz Tante Ella gemacht hat, findet an der Naturbadestelle und dem Kanuanleger Unsal eine herrliche Gelegenheit für eine Pause mit tollem Ausblick auf die Spree und Sand zwischen den Zehen. Wer mag, springt gleich ins Wasser, denn die verschlungene und sehr natürlich anmutende Spree ist hier motorbootfrei. Das Gebiet ist weniger bewaldet und hat den Vorteil, freie Sicht zu bieten. Diese kann man gleich nutzen, um den regelmäßig vorbeipaddelnden Kanuten und Kanutinnen hinterherzuschauen. Die Badestelle liegt etwas abseits, wird aber aufgrund des netten Spielplatzes auch gerne von Familien besucht.

Nach der Naturbadestelle Unsal biegt der Fahrradweg von der Straße leicht rechts ab und führt weiter an der Spree entlang. Nach fünf Kilometern den scharfen Rechtsknick zur Großen Tränke nehmen (auf das Infoschild achten).

Vor über 130 Jahren wurde der gewaltige Oder-Spree-Kanal gebaut

KM 23

3

Große Tränke

Den Oder-Spree-Kanal begrüßen

Am Ende des hübschen Kiesweges liegt das ehemalige Schleusenwerk der Großen Tränke. Hier beginnt der westliche Teil des Oder-Spree-Kanals, eines Bauwerks von enormem Ausmaß, dessen Grundsteinlegung 1887 an dieser Stelle stattfand. Die Schleuse sollte einst den Oder-Havel-Kanal schiffbar halten, aufgrund des veränderten Wasserpegels in der Spree wurde diese irgendwann jedoch nicht mehr benötigt. Heute kann man die alte Schleusenanlage anschauen und an der Landzunge wunderbar auf Bänken unter Bäumen sitzen.

Den kurzen Weg von der Großen Tränke zurückfahren und weiter dem Waldweg gen Westen folgen, der am Ende durch den Stadtpark und über die Spreeuferpromenade nach Fürstenwalde führt. An der großen Spreebrücke angekommen die Eisenbahnstraße nach links nehmen, anschließend rechts in die Tuchmacherstraße einbiegen.

Halbzeit an der Spree

Blick von der Kaiser-Wilhelm-Brücke über die Fürstenwalder Spree

KM 28

4

Fürstenwalde Altstadt

Auf alten Wegen wandeln

In der Tuchmacherstraße Nummer 12 steht das schmalste Haus Fürstenwaldes, dessen Ursprünge auf das 17. Jahrhundert zurückgehen. Es misst gerade einmal 3,83 Meter in der Breite. Zum Dom geht es nun links in die Mühlenstraße und nach rechts in die Domstraße. Dort stehen auch restaurierte Bürgerhäuser aus dem 18. Jahrhundert. Der beeindruckende Dom St. Marien ist ein Nachbau des ursprünglichen Kirchenbaus, der im Zweiten Weltkrieg komplett zerstört wurde. Das Wahrzeichen der Stadt ist innen modern und schlicht eingerichtet und besticht mit den sichtbaren Backsteinen und der Abwesenheit von Prunk, der normalerweise zu erwarten wäre.

Vom Dom-Eingang die Rathausstraße nach Osten nehmen und in der Eisenbahnstraße nach rechts biegen. Nach 200 Metern liegt das Café Herrlicher links am Kaiserhof.

Die kleine Altstadt lohnt für einen kurzen Bummel

Schönster Sitzplatz in der Altstadt: das Café Herrlicher

EXTRA INFOS:

Leckeres Start-Eis gibt es im ● **Eiscafé Bürgerle** in Erkner, Friedrichstraße 22B.

● **Infotafeln in Klein Wall** informieren über den einst bedeutenden Ort mit Wassermühle.

Das interessante Gaststätte ● **Zum Hangelwirt** ist gleichzeitig Treffpunkt der Kreativen. Leider nur unregelmäßig geöffnet, am besten vorher die Webseite checken (www.hangelwirt.de).

KM 29

5 Café Herrlicher

Waffelfreuden

KM 30 » ZIEL

Bahnhof Fürstenwalde

Hier trifft Name auf Programm: Bereits draußen laden die gemütlichen breiten Sitzgelegenheiten, Kissen und Sessel zum Verweilen ein. Wer dann auch noch die Waffelkarte entdeckt, fühlt sich am Ende dieser Tour ein bisschen wie im Himmel angekommen. Man sitzt zwar nicht mehr im Grünen, sondern an den Straßen Fürstenwaldes, schön ist es dennoch. Auch die Bowls und Salate sind begehrt. Man bestellt und zahlt drinnen in der Lounge – ein kreatives Mittel, um den Laden trotz des verbreiteten Personalmangels offenzuhalten –, und die Bedienung ist gut gelaunt und freundlich. Das perfekte Ende der Tour.

Die Eisenbahnstraße weiter nach Norden fahren, am Ende links abbiegen. Die Straße Am Bahnhof führt zum Ziel.

Waffelfreuden an der Spree

START
S-Bahnhof Erkner
Eiscafé Bürgerle
1
Gerhart-Hauptmann-Museum
Infotafeln zu Klein Wall
DURCH KÜHLENDEN MISCHWALD
VERSTOHLENE BLICKE AUF DIE LÖCKNITZ
Rüdersdorf bei Berlin
ALT-RÜDERSDORF
Herzfelde
Lehngutbruch
Bieselberg 71
Hohler See
Kalksee
Woltersdorf
Eichberg 92
Kranichsberg 105
Grenzberge 59
Springeberg 51
Erkner
Flakensee
Fuchsberg 65
Elsensee
Kiessee
Möllensee
Grünheide (Mark)
ALTBUCHHORST
Peetzsee
Löcknitztal
Priestersee
Werlsee
Dämeritzsee
NEU BUCHHORST
Karutzsee
Berlin
A 10
Gosen-Neu Zittau
Mönchwinkel
Störitzsee
Kesselberg 72
BURIG
STEINFURT
Spreeau
Spree
Stahlberg 85
Hartmannsdorf
Spreenhagen
Oder-Spree-Kanal
Swatzkeberge 51
Swatzke- und Skabyberge
N
0
1
2 KM

AUF EINEN BLICK

- **Start:** S-Bahnhof Erkner
- **Ziel:** Bahnhof Fürstenwalde
- **Strecke/reine Radelzeit:** 30 km (Streckentour), 2 Std. 30
- **Höhenmeter:** ↗ 15 m, ↘ 11 m
- **Wegbeschaffenheit:** Auf der ersten Hälfte Wald- und Kiesboden, ab der Spree meist asphaltiert.
- **Beste Zeit:** Sommer bis Herbst, wenn der Wald tiefgrün bis kunterbunt ist.
- **Mitnehmen:** Picknickdecke, Getränke und Snacks für viele schöne Pausen.

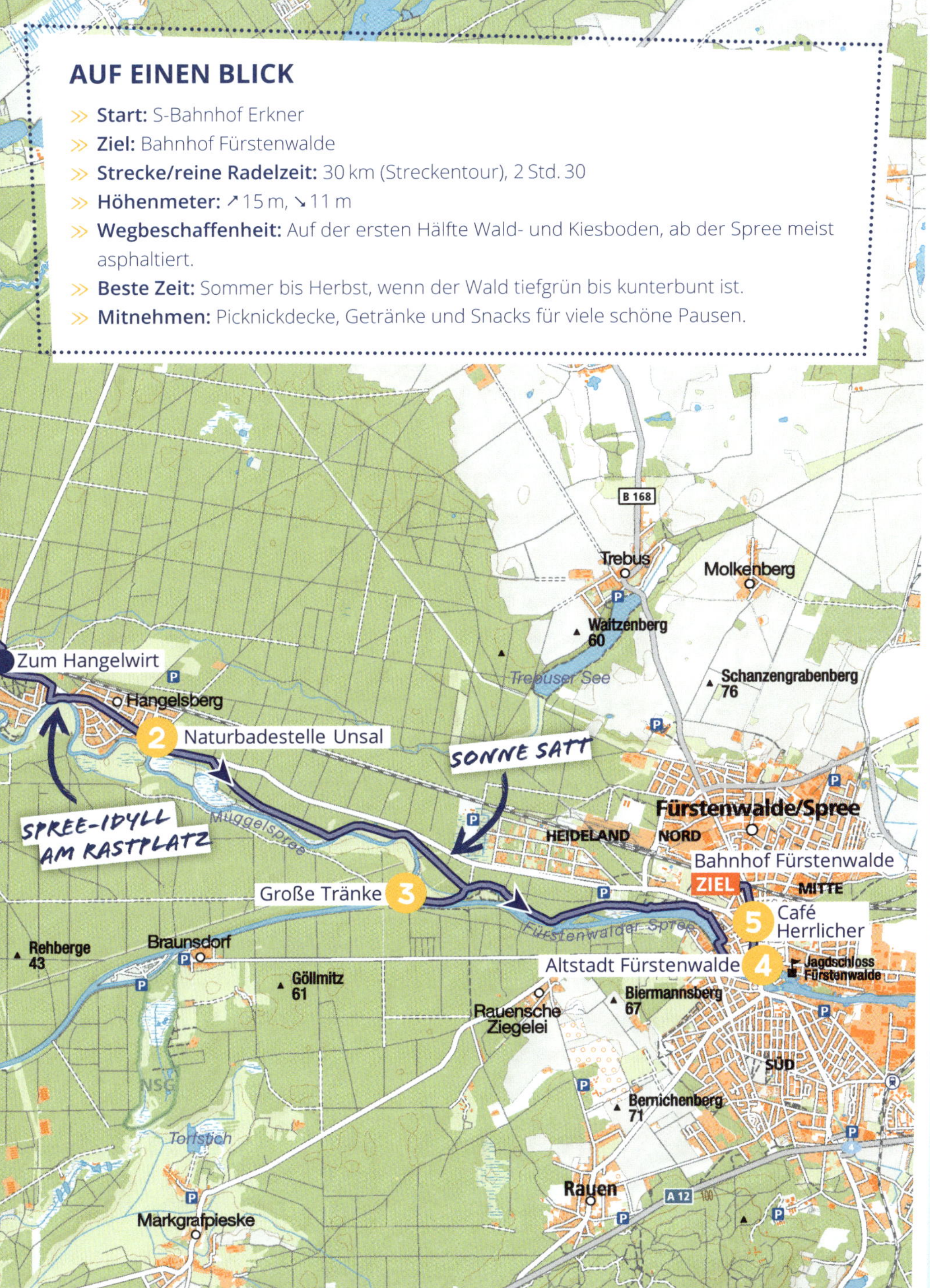

DIE RADELPAUSEN

>> START
S-Bahnhof Strausberg

KM 1
1
Altstadt Strausberg
Den Fischerkietz entdecken

KM 6
2
Uhrenturm Gielsdorf
Die Uhrzeit checken

KM 18
3
Schloss & Park Altlandsberg
Durch barocke Gefilde schlendern

10

STADT, LAND, SEE

Strausberg-Rundtour

Das bezaubernde Städtchen Altlandsberg lohnt definitiv einen Ausflug. Noch besser ist es, den Besuch mit einer Strausberg-Radtour zu verbinden und gleich noch ein paar hübsche alte Dörfer und viele schöne Seeblicke mitzunehmen.

KM 19
4 Restaurant Armenhaus
An der Stadtmauer speisen

KM 19,5
5 Scheunenviertel Altlandsberg
Groß träumen

KM 32
6 Strausseepromenade
An- oder Abbaden?

KM 34 » ZIEL
S-Bahnhof Strausberg

SCHÖNE AUSSICHTEN

Am hübschen Straussee könnte man sich vermutlich alleine einen ganzen Tag aufhalten. Die Promenade bietet viele tolle Aussichten auf den beliebten Stadtsee. Doch wer schon einmal hier ist, kann eine kurzweilige Tour nach Altlandsberg dranhängen. So winzig das Städtchen, so hübsch ist es auch mit seinen zahlreichen alten und mittlerweile restaurierten Bürgerhäusern, einer herrlichen Eisdiele, einer wunderschönen Kirche, einem alten und teils wieder restaurierten Scheunenviertel und natürlich dem Schloss sowie dem Schlosspark. Es lohnt sich, die nächsten Jahre immer mal wieder herzukommen, denn das gesamte Parkensemble wird nach und nach restauriert, der alte Barockgarten wieder hergestellt.

DER SCHÖNSTE MOMENT: WENN ZURÜCK AM STRAUSSEE DIE ABENDSONNE AUF DAS GLITZERNDE WASSER FÄLLT

Auf dem Weg gibt es kleine Dörfer und Dorfkirchen zu bewundern, und die Strecke selbst ist ebenfalls abwechslungsreich: Von berauschend bis versandet ist alles dabei. Einst war sie aufgrund einiger Höhenmeter sehr beliebt für Radrenntrainings, aber wegen des mittlerweile in die Jahre gekommenen, teils aufgebrochenen Untergrundes ist das heute weniger der Fall. So schlecht ist das gerade für Wochenend-Bummler nicht, denn dadurch herrscht weniger Andrang, und man teilt sich den Weg eher auf gemütliche Weise.

Die vielen Straßen dürfen übrigens nicht irritieren: Diese sind entweder wenig befahren und wirken am Wochenende eher wie Fahrradstraßen, oder es gibt einen Radweg nebendran. Gut ausgeschildert ist die Strecke ebenfalls, sodass man sich kaum verfahren kann – im Zweifel immer den Fahrradschildern folgen. Zwischendurch geht's dann über Felder und eine viel zu kurze, fantastische Radstrecke durch den Wald.

Die Tour endet, wie sie angefangen hat, und ist viel zu schnell vorbei. Da bietet sich vor dem Heimweg noch ein schönes Stück Torte an. Und wer es sich richtig gut gehen lassen möchte, bleibt einfach hier. «

Gesichtet: Alpakas in Buchholz

Wohin diese kleine blaue Tür wohl führt?

Dörfliche Idylle rund um den Dorfteich in Gielsdorf

RADELN & GENIEßEN

S-Bahnhof Strausberg

Vor dem Bahnhof den Joseph-Zettler-Ring nach rechts und die Hohensteiner Chaussee nach links nehmen. Rechts in die Große Straße. Am Marktplatz links. Hinter dem Alten Stadthaus liegt der Fischerkiez.

ALTERNATIVE ARMBANDUHR

KM 1

1 Altstadt Strausberg

Den Fischerkietz entdecken

Das alte Stadthaus dient inzwischen als Rathaus und erstrahlt im klassizistischen Stil. Dahinter geht es in den Fischerkiez und noch steiler hinunter als am Marktplatz hinauf, deshalb besser kurz vom Rad runter und schieben. Noch heute sind hier die Häuser klein und bunt wie einst die Fischerhäuser. Im Kietz lebten im 13. Jahrhundert die Dienstleute der Burg Struzeberg und natürlich die Fischer. Neben dem Spielplatz kann die erste Aussicht auf den Straussee genossen werden. Nach einer kleinen Runde mit Blick auf das Wasser geht es wieder zurück.

Den Fischerkiez wieder zurück und nach Norden (links) in die Klosterstraße. Zurück auf der Großen Straße links und die Badstraße erneut nach links nehmen. Der Weg am Straussee entlang macht auf der Gielsdorfer Chaussee eine Linksbiegung. Am Kreisverkehr den Fahrradschildern folgen, um auf der Gielsdorfer Chaussee zu bleiben. In Gielsdorf am Dorfteich vorbei zur Kirche. Dort einem scharfen Linksknick folgen.

Noch heute sind im Kietz Reste der alten Fischersiedlung in Strausberg zu besichtigen

Wirkt skurril: der übrig gebliebene Uhrenturm vom alten Gutshof

KM 18

3 Schloss & Park Altlandsberg
Durch barocke Gefilde schlendern

Die mittlerweile weitgehend sanierte Altstadt von Altlandsberg bezaubert mit hübschen Bürgerhäusern, die weitgehend aus dem 18. und 19. Jahrhundert stammen und nach dem letzten Großbrand der Stadt erbaut wurden. Besagter Brand zerstörte auch das Barockschloss, von dem nur noch die Saalkirche erhalten ist. Das Miniaturmodell und Umriss-Nachbildungen lassen das Schloss im Kopf wieder ein wenig aufleben. Ein Gang durch den barocken Schlosspark, der künftig wieder hergestellt wird, lässt königliches Flair aufkommen. Wer Lust hat, trinkt noch etwas Erfrischendes in der nebenstehenden, bereits restaurierten Brauerei.

Hinter der Schlosskirche auf die Berliner Straße, an der Kirche St. Marien vorbei eine Runde bis zum Berliner Torturm durch die Altstadt drehen, dann über die Hirtengasse und Klosterstraße zurück. An der Strausberger Straße nach rechts bis zur Stadtmauer.

KM 6

2 Uhrenturm Gielsdorf
Die Uhrzeit checken

Neben der schönen alten Feldsteinkirche aus dem 13. Jahrhundert und einem alten Gutshof steht seltsam anmutend der Uhrenturm auf einer Wiese, ein rechteckiger, elf Meter hoher Bau mit einer Uhr an jeder Seite. Es wirkt, als habe man das Gebäude darunter versinken lassen. Der Turm wurde erhalten, nachdem der dazugehörige Gutshof abgerissen wurde. Er ist über 250 Jahre alt, was man ihm nicht ansieht: Bürger:innen von Gielsdorf ließen ihn vor wenigen Jahren restaurieren. An dem etwas schrägen Wahrzeichen wird jährlich ein Uhrenturmfest veranstaltet.

Dem Weg Am Uhrenturm weiter folgen und über den Weg Hinter dem Gutshof rechts in die Wesendahler Chausee bis nach Wesendahl. Am Knotenpunkt 3 links in den Buchholzer Weg bis Buchholz. Nach der Kirche rechts in die Spitzmühler Straße, dann links in die Buchholzer Chaussee bis Altlandsberg.

Der Barockpark in Altlandsberg wird nach und nach rekonstruiert

KM 19

4 Restaurant Armenhaus

An der Stadtmauer speisen

Das Restaurant Armenhaus (armenhaus-altlandsberg.de) befindet sich neben einem Teil der 1,3 Kilometer langen erhaltenen Stadtmauer von Altlandsberg. Im alten Gebäude, das einst tatsächlich für die Speisung der Armen diente, wird heute leckere, deftige Hausmannskost angeboten. Einige vegetarische Speisen befinden sich auf der Karte, etwas Veganes zu bekommen wird eher schwierig. Durch die hübsche Lage könnte es etwas voll werden: Das Armenhaus ist auch bei Radelbegeisterten extrem beliebt, und nicht selten stehen die Räder bis auf die Straße.

Die Strausberger Straße weiterfahren. Nach 200 Metern ist das Scheunenviertel erreicht.

Viel Potenzial bietet das alte Scheunenviertel in Altlandsberg

Früher Armenhaus, heute perfekte Auszeit mit leckeren Speisen

KM 19,5

5 Scheunenviertel Altlandsberg

Groß träumen

Die renovierungsbedürftigen Scheunen aus dem 19. Jahrhundert sind heute weitgehend gegen Verfall gesichert. Früher wurden die riesigen Gebäude außerhalb der Stadt errichtet, da das Lagergut – zumeist Stroh – stets eine gefährliche Feuerquelle war und fernab der Wohnhäuser eine weniger große Gefahr darstellte. Bei den Scheunen in Altlandsberg bestehen Überlegungen, diese in Wohnhäuser umzubauen. Ob der Plan jedoch aufgeht, ist ungewiss. Bei einem Gang zwischen den schönen alten Backsteingebäuden kann man sich aber gut vorstellen, wie sich das Leben in solch einer Galeriewohnung mit Blick auf die Felder anfühlen würde.

Weiter über die Strausberger Straße und dem Fahrradweg folgen. Am Hotel Seeschloss die Altlandsberger Chaussee weiter geradeaus fahren und über die Garzauer Straße bis zur Ernst-Thälmann-Straße. Dort links abbiegen und wieder den Fahrradschildern folgen bis zur Seepromenade des Straussees.

KM 32

6 Strausseepromenade
An- oder Abbaden?

Was haben es die Strausberger:innen schön mit so einem herrlichen Wasserflecken direkt in ihrer Stadt! Entlang der Seepromenade kann wunderbar flaniert werden, und das nutzen auch viele Einheimische, die offenbar große Wasserfans sind: Selbst im Spätherbst huschen immer wieder Menschen mit Badetuch bekleidet vorbei, um ein kurzes Tauchbad zu nehmen. Die Promenade ist lang, abwechslungsreich und bietet unzählige tolle Rastplätze und Ausblicke aufs Wasser. Ein Highlight ist die mit einer Oberleitung elektrisch betriebene Seilfähre über den See, die auch im Winter verkehrt.

Von der Fähre nach rechts auf die Karl-Liebknecht-Straße. Der Richtung weiter folgen und durch den Stadtmauerpark über den Otto-Langenbach-Ring zurück zum Bahnhof fahren.

EXTRA INFOS:

Der Biergarten des ● **Westernsaloons Buchholz** (the-buchholz-saloon.de) hat am Wochenende geöffnet und bietet auch Alpaka-Führungen an.

Die ● **Altlandsberger Eisdiele** (eisdiele-altlandsberg.de) rühmt sich, das beste Eis der Welt zu haben – natürlich hausgemacht. Empfehlenswert ist auch das ● **Eiscafé auf der See-Terrasse** im Seeschloss am Bötzsee (www.hotel-seeschloss.de). Wer lieber hausgemachte Torte (oder vegane Cupcakes) genießt, ist im ● **Café Tortenduft** (www.tortenduft.de) in Strausberg richtig.

Möchte man sich einfach nicht vom See trennen: Die ● **Albergo Amiceria** direkt am Straussee ist nicht ganz günstig, bietet aber wunderschöne Zimmer mit Blick auf das Wasser (amiceria.de/albergo).

KM 34 » ZIEL

S-Bahnhof Strausberg

Liebling in Strausberg ist der klare Straussee mit vielen Bade- und Flaniermöglichkeiten

AUF EINEN BLICK

- **Start/Ziel:** S-Bahnhof Straußberg
- **Strecke/reine Radelzeit:** 34 km (Rundtour), 3 Std.
- **Höhenmeter:** ↗31 m, ↘31 m
- **Wegbeschaffenheit:** Relativ viel loser Untergrund, in den Dörfern häufig Pflaster.
- **Beste Zeit:** Ganzjährig, im Winter mit besonderem Charme. Dann allerdings auf Glätte und saisonbedingte Schließungen der Restaurants achten.
- **Mitnehmen:** Badesachen – man weiß ja nie.

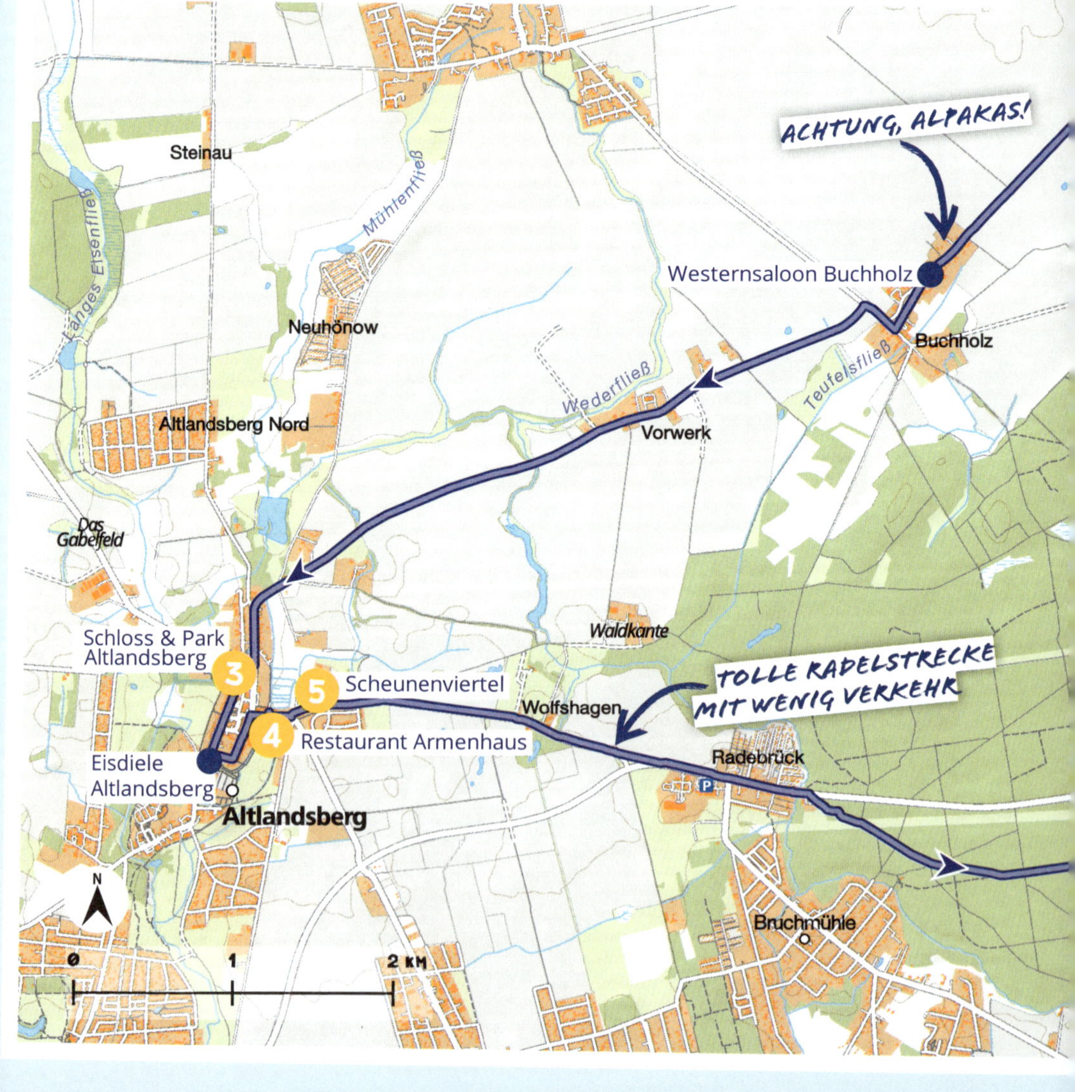

ACHTUNG, ALPAKAS!
Steinau
Mühlenfließ
Langes Elsenfließ
Westernsaloon Buchholz
Neuhönow
Buchholz
Wederfließ
Teufelsfließ
Altlandsberg Nord
Vorwerk
Das Gabelfeld
Waldkante
Schloss & Park Altlandsberg
3
5
Scheunenviertel
TOLLE RADELSTRECKE MIT WENIG VERKEHR
Wolfshagen
4
Restaurant Armenhaus
Eisdiele Altlandsberg
Radebrück
Altlandsberg
N
Bruchmühle
0
1
2 KM

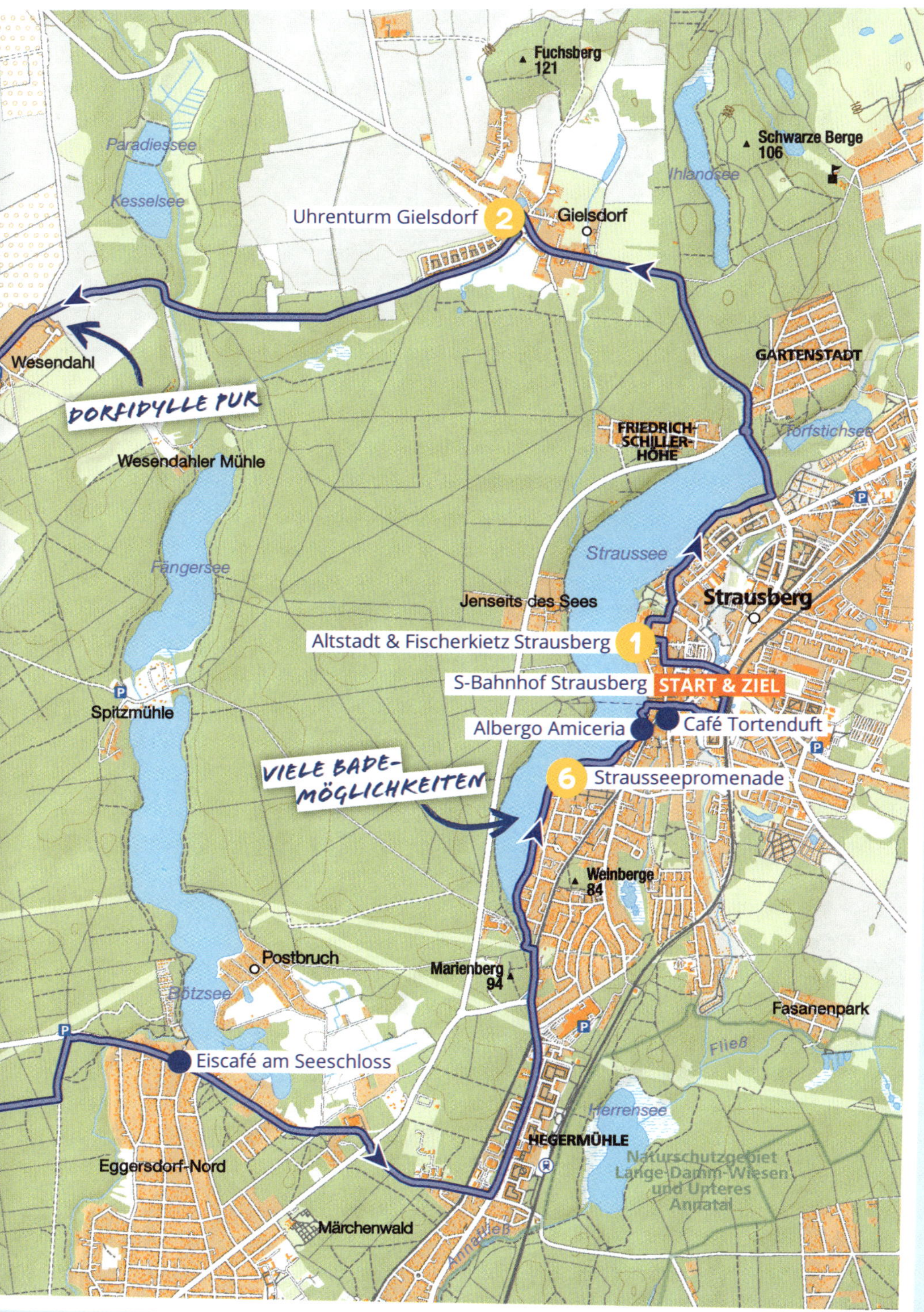

Fuchsberg 121
Schwarze Berge 106
Paradiessee
Kesselsee
Ihlandsee
Uhrenturm Gielsdorf 2
Gielsdorf
Wesendahl
DORFIDYLLE PUR
GARTENSTADT
FRIEDRICH-SCHILLER-HÖHE
Torfstichsee
Wesendahler Mühle
Straussee
Fängersee
Strausberg
Jenseits des Sees
Altstadt & Fischerkietz Strausberg 1
S-Bahnhof Strausberg START & ZIEL
Spitzmühle
Albergo Amiceria
Café Tortenduft
VIELE BADE-MÖGLICHKEITEN
6 Strausseepromenade
Weinberge 84
Postbruch
Marienberg 94
Bötzsee
Fasanenpark
Eiscafé am Seeschloss
Fließ
Herrensee
HEGERMÜHLE
Naturschutzgebiet Lange-Damm-Wiesen und Unteres Annatal
Eggersdorf-Nord
Märchenwald
Annafließ

DIE RADELPAUSEN

» START
Bahnhof Fürstenwalde

KM 13
1 Schloss Steinhöfel
Schlossparkspaziergang

KM 20
2 Obstbaumallee
Gut Kirschen essen

KM 22
3 Alte Schmiede
Süße Einkehr in Heinersdorf

11 AUF MUNDRAUB-TOUR

Auf dem Oderbruchbahn-Radweg bis Buckow

Auf der Trasse der ehemaligen Oderbruchbahn geht es mit dem Rad entlang alter Obstalleen und zauberhafter Dörfer. Wer möchte, kann am Ende die Radstrecke abkürzen und den Rest der Tour mit der Buckower Kleinbahn, einer Museumsbahn, unternehmen.

AUF ZUR GEMÜTLICHEN LANDPARTIE!

Ein Großteil dieser Tour führt auf der alten Oderbruchtrasse entlang. Hier kommen nicht nur Bahnfans auf ihre Kosten, es locken auch viele Naschereien am Wegesrand. Im Herbst darf man sich hier die Taschen mit Äpfeln, Birnen, Pflaumen, Mirabellen, Brombeeren und Holunderbeeren füllen – und wird vermutlich mehr Hühnern und Pferden als Menschen begegnen. Bussarde schrauben sich über Mais- und Sonnenblumenfeldern in die Höhe, und die Felder leuchten in strahlendem Gelb, je nach Jahreszeit mit Raps- oder Senfblüten. Die Ruhe ist sogar am Wochenende erstaunlich. Der Oderbruchbahn-Radweg scheint tatsächlich immer noch ein echter Geheimtipp für Radbegeisterte zu sein.

DER SCHÖNSTE MOMENT: WENN DIE ERSTEN LEUCHTENDEN ÄPFEL AM WEGESRAND AUFTAUCHEN

Der Weg ist perfekt ausgebaut und daher sehr einfach zu bewältigen, obwohl es einige Steigungen zu überwinden gilt – schließlich geht es in die Märkische Schweiz. Nicht irritieren sollte einen dabei, dass man sich auf diesem Teil gar nicht im Oderbruch bewegt. Die alte Bahnstrecke hatte verschiedene Abschnitte und brachte vor über 100 Jahren Waren von der Oder zu den großen Bahnstrecken, die nach Berlin führten. Schrittweise stillgelegt, wurden Teile der alten Trasse ab 2006 zu einem bequemen Fahrradweg ausgebaut, der nun zwischen herrlichen Obstalleen und durch alte Dörfer verläuft und die Kulturlandschaften erleben lässt.

Zwischendurch begegnen einem wunderschöne Schlösser und Herrenhäuser, pittoreske Ortschaften und Kirchen, die noch aus den markanten großen Feldsteinen gebaut wurden. An heißen Tagen lockt ein Bad in seelenruhiger Einsamkeit.

In Müncheberg kann die Tour beendet oder noch ein lohnenswerter Abstecher in die Märkische Schweiz und nach Buckow gemacht werden – gerne auch per Buckower Kleinbahn! Die alte Museumsbahn fährt am Wochenende und wird von Ehrenamtlichen betrieben. Das Rad kann dafür am Bahnhof Müncheberg angeschlossen werden. Eine Fahrt lohnt unbedingt und ist ein schöner Abschluss für Bahnfans. «

Uralte Eichen stehen in der Märkischen Schweiz

Die beeindruckende gotische Pfarrkirche in Müncheberg

RADELN & GENIEßEN

» START
Bahnhof Fürstenwalde

Ein kurzer Schlenker über die Eisenbahnstraße nach Süden lohnt, um einen Blick in die alte Domstadt zu werfen. Zum Oderbruchbahnradweg über den Paradeplatz rechts in die Reinheimer Straße und links in die Geschwister-Scholl-Straße, dieser immer geradeaus folgen. Am Kreisverkehr rechts in die Steinhöfeler Chaussee. Ab jetzt den Fahrradschildern folgen und in Steinhöfel kurz ins Dorf einbiegen. Am Ende der Demitzer Straße liegt das Schloss.

Neben Holunder locken im Herbst viele Früchte am Wegesrand

KM 13

Schloss Steinhöfel

1 Schlossparkspaziergang

Schon die Sphingen am Eingang verheißen Großes, und auch der erste Anblick des klassizistischen Schlosses aus dem 18. Jahrhundert beeindruckt. Der berühmte Architekt David Gilly hat hier selbst Hand angelegt. König Friedrich Wilhelm und Ehefrau Luise bewunderten das Schloss so sehr, dass sie von Gilly ihre spätere Sommerresidenz Schloss Paretz bauen ließen. Heute beherbergt das Schloss ein Hotel, und der englische Landschaftspark ist für eine kleine Schlenderrunde geöffnet. Die Sphingen stammen übrigens von dem bekannten Bildhauer Gottfried Schadow.

Zurück auf der Dehmitzer Straße geradeaus und am Ende des Dorfes rechts auf den Oderbruchbahnradweg. Hinter Hasenfelde befindet sich ungefähr die dritte Möglichkeit zum Naschen, daher darf man jetzt gerne mal zugreifen.

Das Schloss Steinhöfel beeindruckte schon König Friedrich Wilhelm

Die Alte Schmiede lädt zum Pausenschmaus

KM 20

Obstbaumallee
Gut Kirschen essen

Wer seine Augen offenhält, wird in den Obstbaumalleen zur richtigen Zeit reiche Ernte finden. Das Pflücken ist auf öffentlichem Weg erlaubt. Alte Apfelsorten glänzen im Sonnenschein, Birnen, Pflaumen, Kirschen und Holunder hängen bereit zur Ernte. In der Mark Brandenburg haben Obstbaumalleen eine lange Tradition. Schon seit dem 17. Jahrhundert bemühten sich preußische Regenten, den Obstanbau voranzutreiben, um die Bevölkerung besser zu ernähren. Die Bemühungen trugen irgendwann im wahrsten Sinn Früchte, und die Tradition wird von vielen Gemeinden und Vereinen weitergeführt. In Müncheberg existiert übrigens mit der Obstbauversuchsanstalt einer der ältesten Sortengärten Deutschlands mit über 1000 Apfelsorten.

Der Weg endet an der Frankfurter Chaussee. Im Knick liegt das Restaurant Alte Schmiede.

KM 22

3

Alte Schmiede
Süße Einkehr in Heinersdorf

Von der tatsächlichen alten Schmiede ist leider nicht mehr viel übrig, doch allein wegen der süßen Versuchungen lohnt sich im Gasthaus Alte Schmiede (www.alteschmiede-b5.de) auf halber Strecke eine Einkehr. Die Speisekarte bedient aber auch den herzhaften Hunger, von Bauernfrühstück, gebratener Forelle bis zu Apfelstrudel mit Vanilleeis ist alles dabei. Auf der Terrasse kann man sich dann gut vorstellen, dass die Dorfschmiede hier, wo die Straßen zusammentreffen, einst das Herz des Ortes war.

In vorheriger Richtung in die Hauptstraße fahren. Der Fahrradweg führt vor der Feuerwehr nach links zum Heinersdorfer See und durch urigen Wald am Seeufer entlang zu einer hübschen Badestelle auf halber Höhe des Sees. Nach links geht es nun direkt zum Dorfanger Behlendorf.

Mit Aussicht auf süßen Apfelstrudel radelt es sich nochmal besser

Gleich mehrere kleine Freiluftausstellungen gibt's auf dem historischen Schinkelhof

KM 25

Behlendorfer Schinkelhof

Historisches Flair einatmen

Auf dem Behlendorfer Schinkelhof, der noch heute die Atmosphäre eines Landwirtschaftsbetriebes von vor 200 Jahren verströmt, weht der Duft von Pferdeäpfeln. Der Bau des Gutshofs wurde um 1800 von Karl Friedrich Baath nach englischem Vorbild beauftragt und von Karl Friedrich Schinkel umgesetzt. Die einzelnen Gebäude bildeten ein stimmiges Ensemble von Wohn- und Wirtschaftsgebäuden für einen funktionierenden Agrarbetrieb. Vom alten Dorfteich ist aufgrund des sinkenden Wasserspiegels nichts mehr zu sehen, die denkmalgeschützten Gebäude sind hingegen gut erhalten. Im Hof stehen alte Kuschen, und hinter ihm an der Baathstraße befindet sich eine sehr sehenswerte Freiluftausstellung alter Gerätschaften.

Über den Schinkelhof hinweg nun dem Müncheberger Weg immer geradeaus bis zum Bahnhof Müncheberg folgen. Der Haltepunkt der Kleinbahn liegt hinter dem Bahnhof auf einem Extragleis, dafür den Bahnhof rechts umfahren.

KM 36

Buckower Kleinbahn

Umsteigen, bitte!

Die kurzweilige, fünf Kilometer lange Strecke zwischen Müncheberg und Buckow wird heute ebenso wie vor 120 Jahren mit einer elektrischen Schmalspurbahn befahren. Die nostalgischen Holzbänke mit roten DDR-Sitzbezügen lohnen bereits den Einstieg, noch schöner ist es, wenn der ehrenamtliche Fahrer die Tür offenlässt und man unterwegs die alten Instrumente betrachten kann. Es geht ratternd und hupend durch Wald und Felder über Waldsieversdorf bis nach Buckow, das schon vor 100 Jahren ein beliebtes Ziel für die Sommerfrische war, dem Wechsel von der Stadt aufs Land zur Erholung. Nach der Wiedervereinigung wurde die Strecke erst stillgelegt, doch seit einigen Jahren unterhält der Verein Berliner Eisenbahnfreunde die Buckower Kleinbahn (buckower-kleinbahn.de).

Wer nicht mit der Bahn fahren will, nimmt den Fahrradweg entlang der Gleise mit einer ordentlichen Steigung über Waldsieversdorf am Bahnhof Buckow vorbei nach Buckow.

Am Wochenende lädt die alte Buckower Kleinbahn gegen wenige Euro zur Fahrt ein

Wie aus der Zeit gefallen wirkt das kleine Örtchen Buckow in der Märkischen Schweiz

EXTRA INFOS:

Falls am Ende der Tour noch etwas Zeit ist: Der ● **Stadtfriedhof** kurz vor Müncheberg birgt einige wunderschöne und sehr alte Gräber.

Am ● **Heinersdorfer See** lässt es sich mal herrlich abseits Berliner Massen chillen.

Wer gleich dableiben möchte: Eine ganz besondere Unterkunft ist das ● **Kreativhaus Bellevue Buckow** (www.bellevue-buckow.de) mit hübsch gestalteten Zimmern direkt am See.

KM 41

6 Buckow

Stadtbummel mit Eis

Im Herz der Märkischen Schweiz, der kleinen Stadt Buckow zwischen Buckower See und dem großen Schermützelsee, scheint entweder die Zeit oder der Ort einen Sprung gemacht zu haben, wähnt man sich zwischen den Fachwerkhäusern in den steilen Gassen doch kaum im platten Brandenburg. Die hübschen Sommerhäuser wurden gerne im Heimatstil errichtet, und so finden sich – neben DDR-typischen Bauten – auch einige Fachwerk- sowie reichlich verzierte Bürgerhäuser. Wer Lust hat, kann gleich den schönen Schermützelsee umrunden und das beeindruckende Brecht-Weigel-Haus besuchen (www.brechtweigelhaus.de). Unbedingt im Café Eiskörbchen Rohsmeisl (eiskoerbchen-rohsmeisl.eatbu.com) einkehren, das Zitroneneis ist erste Sahne. Für alle, die jetzt was Deftiges brauchen: Das Restaurant Stobbermühle (www.stobbermuehle.de) hat einen lauschigen Biergarten und gute Hausmannskost.

Zurück geht's auf gleichem Weg zum Bahnhof Müncheberg.

Man sollte sich bloß nicht das leckere Zitroneneis entgehen lassen

AUF EINEN BLICK

- **Start:** Bahnhof Fürstenwalde
- **Ziel:** Bahnhof Müncheberg
- **Strecke/reine Radelzeit:** 38 km + 12 km Bahnfahrt (Streckentour), 4 Std.
- **Höhenmeter:** ↗48 m, ↘61 m
- **Wegbeschaffenheit:** Sehr guter asphaltierter Radweg; zwischendurch selten, in Buckow fast ausschließlich Kopfsteinpflaster.
- **Beste Zeit:** Am Wochenende, um eine Tour mit der Buckower Kleinbahn zu machen. Im Herbst, wenn man Obst pflücken will.
- **Mitnehmen:** Tasche oder Korb für Gratisobst vom Wegesrand. Bargeld für die Buckower Kleinbahn.

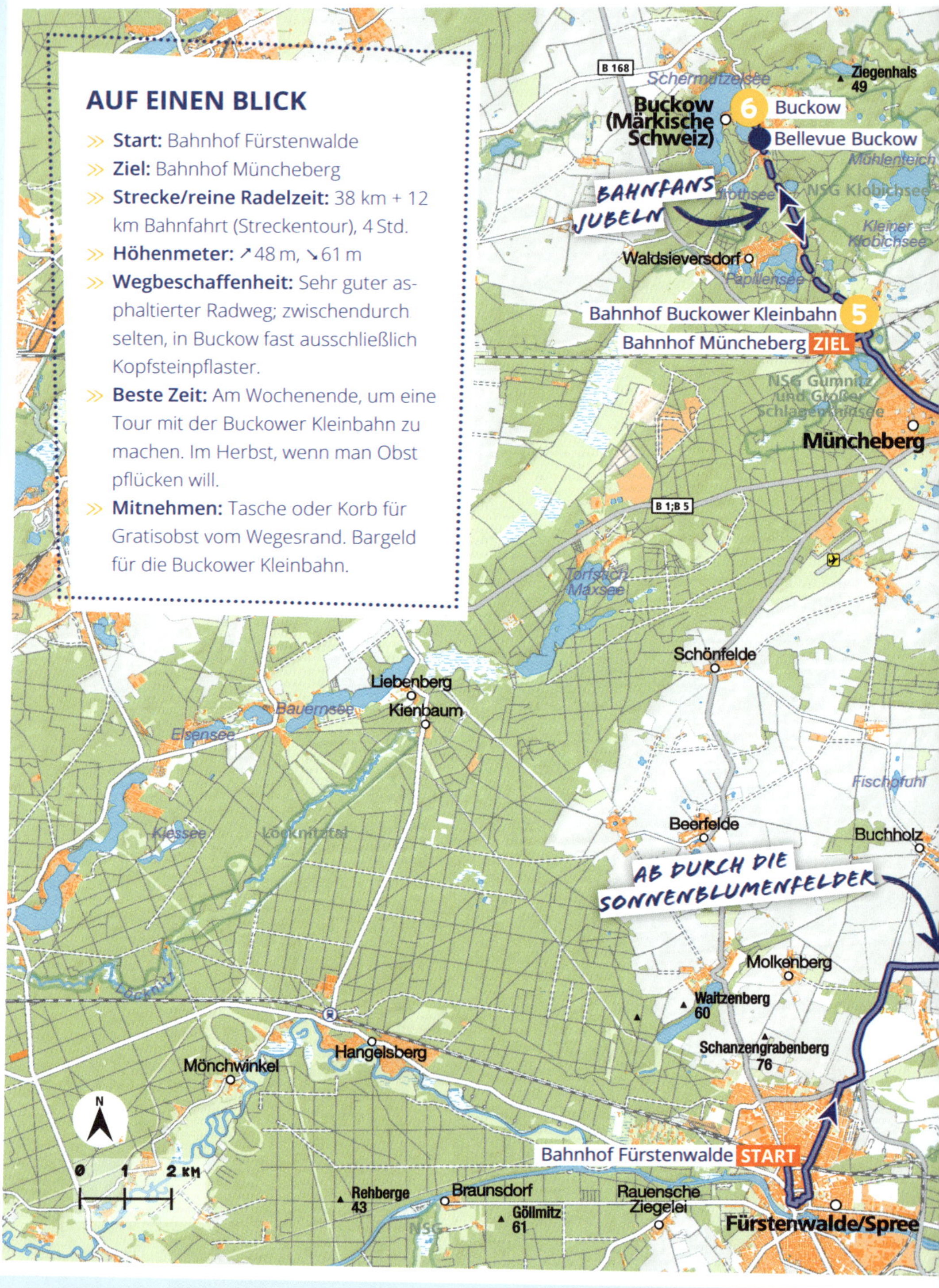

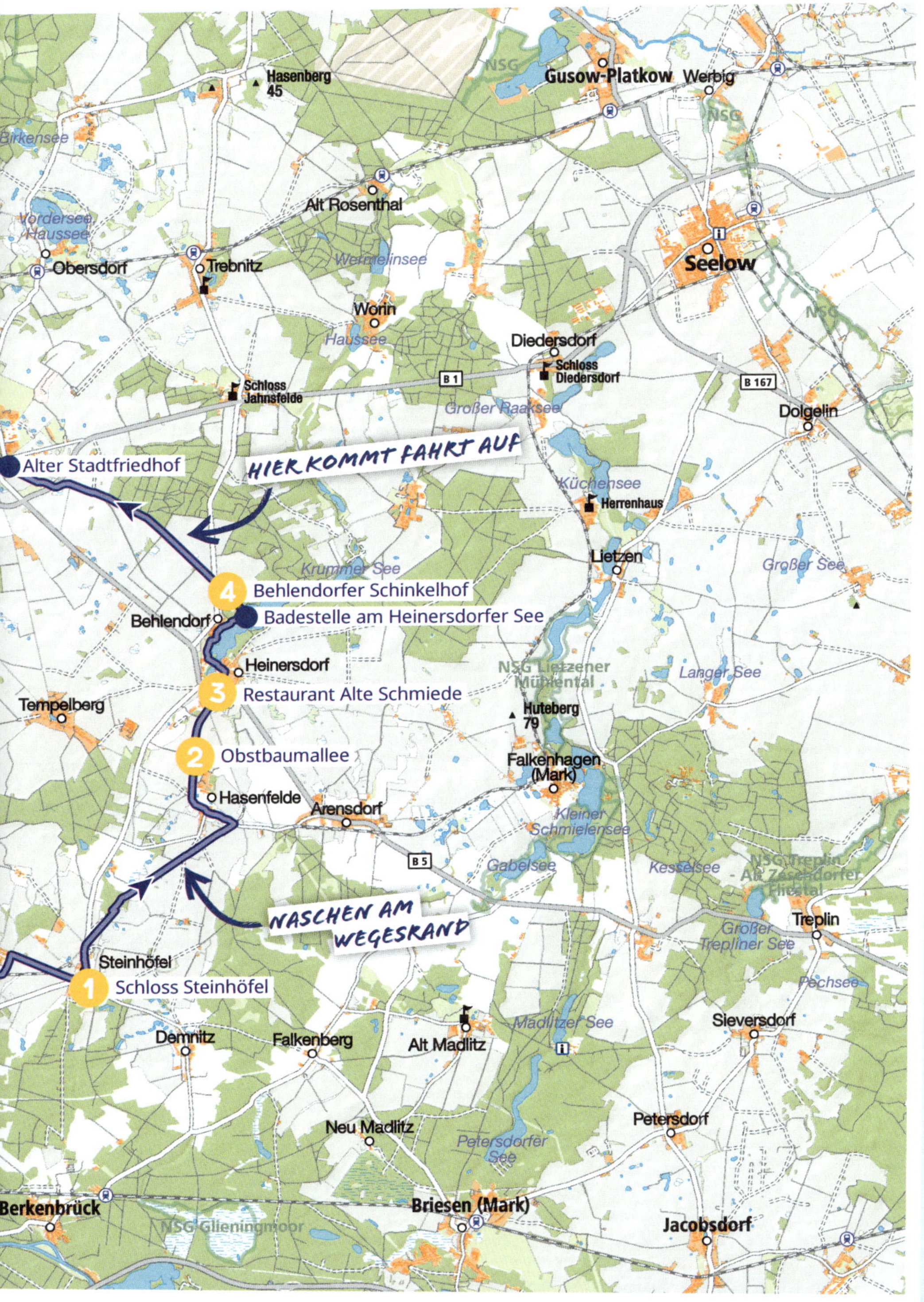

Hasenberg 45
Gusow-Platkow
Werbig
Birkensee
Alt Rosenthal
Seelow
Vordersee
Haussee
Obersdorf
Trebnitz
Wermelinsee
Worin
Haussee
Diedersdorf
Schloss Diedersdorf
Schloss Jahnsfelde
B 1
B 167
Großer Raaksee
Dolgelin
Alter Stadtfriedhof
HIER KOMMT FAHRT AUF
Küchensee
Herrenhaus
Lietzen
Krummer See
Großer See
4 Behlendorfer Schinkelhof
Behlendorf
Badestelle am Heinersdorfer See
Heinersdorf
NSG Lietzener Mühlental
Langer See
Tempelberg
3 Restaurant Alte Schmiede
Huteberg 79
2 Obstbaumallee
Falkenhagen (Mark)
Hasenfelde
Arensdorf
Kleiner Schmielensee
B 5
Gabelsee
Kesselsee
Treplin
Großer Trepliner See
NASCHEN AM WEGESRAND
Steinhöfel
1 Schloss Steinhöfel
Pechsee
Madlitzer See
Sieversdorf
Demnitz
Falkenberg
Alt Madlitz
Neu Madlitz
Petersdorf
Petersdorfer See
Berkenbrück
NSG Gleningmoor
Briesen (Mark)
Jacobsdorf

DIE RADELPAUSEN

» START
Bahnhof Bad Saarow

KM 0

1 Bahnhofsgebäude Bad Saarow
Gründerzeiten entdecken

KM 1

2 Maxim-Gorki-Haus
Skandinavisches Flair bewundern

KM 16

3 Wendisch Rietz
Ferienhäuschen aussuchen

12

RUND UMS MÄRKISCHE MEER

Scharmützelsee-Tour

Bad Saarow und Wendisch Rietz sind zwei Orte mit maritimem Flair mitten in Brandenburg. Hier befinden sich wunderschöne Villen, Holzhäuser sowie unzählige Häfen und Boote, dazwischen der Scharmützelsee. Ein Sonntagsausflug fast ans Meer.

KM 27

4 Hafen und Seepromenade
Sehen und gesehen werden

KM 29

5 Kaffeerösterei in Bad Saarow
Hineinschnuppern und bleiben

Bahnhof Bad Saarow

ZWISCHEN GRÜNDERZEIT UND SCHWEDENFEELING

Der Glamour der Gründerzeit weht immer noch in Bad Saarow. In den 1910er- und 1920er-Jahren entdeckte das gehobene Milieu Berlins die Schönheit des Märkischen Meeres, wie Fontane den Scharmützelsee zuvor in seinen Wanderungen durch die Mark Brandenburg genannt hatte, und tingelte am Wochenende zur Erholung nach Saarow, darunter Persönlichkeiten wie Max Schmeling und Maxim Gorki.

Besonders die Kunst- und Filmszene ließ sich vor Ort nieder, und so zeugen noch heute viele wunderschöne und vielfältige denkmalgeschützte Villen und Häuser unterschiedlichster Stile von dieser Ära. Hingegen erinnert nichts mehr an die Zeiten, in denen Nationalsozialisten Jüdinnen, Juden und Kunstschaffende ermordeten, in den Selbstmord trieben und deren Häuser niederbrannten. Lediglich einige Stolpersteine weisen auf diesen Teil der Geschichte Bad Saarows hin.

DER SCHÖNSTE MOMENT: WENN DER BLICK ÜBER DEN WEITEN SEE SCHWEIFT

Die goldenen Zeiten blieben dann auch während der DDR verschwunden: Große Teile der Stadt waren wegen militärischer Nutzung durch die sowjetische Besatzungsmacht gesperrt. Erst nach der Wende und Wiederöffnung Bad Saarows kehrte der Tourismus nach und nach zurück. Viele Villen wurden saniert, Sommer- und Ferienparks gebaut, Häfen angelegt. Heute erstrahlt der Ort fast so wie vor 100 Jahren.

Nach der Stadterkundung geht's auf die sehr kurzweilige Tour rund um den Scharmützelsee. Ein erstaunlich steiles Ostufer mit herrlichem Blick über den See, Wald und Wiesen und eine hübsche Seepromenade machen den Rundweg sehr abwechslungsreich. Zudem ist die Fahrradstrecke durchgehend wunderbar ausgebaut. Am Südufer lockt das zweite Highlight: der Ort Wendisch Rietz mit seinem Urlaubsflair zwischen Booten und schwedischen Holzhäusern.

Wer sich zum Ende der Tour etwas gönnen möchte, besucht die Saarow-Therme und lässt sich im warmen Solewasser treiben.

Immer für eine Träumerei zu haben: der Scharmützelsee

Das schöne Schwedenhaus thront hoch über dem See

Angler bei der Arbeit am Märkischen Meer

RADELN & GENIEßEN

Bahnhof Bad Saarow

Aus dem Zug aussteigen und gar nicht erst in den Sattel schwingen, denn hier befindet sich direkt das erste Highlight des Ortes: der Gründerzeit-Bahnhof.

KM 0

1 **Bahnhofsgebäude Bad Saarow**

Gründerzeiten entdecken

Der hübsche Bahnhof lohnt einen zweiten Blick. Das heute unter Denkmalschutz stehende Bauwerk gilt als einer der schönsten Bahnhöfe Brandenburgs und wurde 1910 nach Plänen der Architekten Emil Kopp und Siegfried Bernstein errichtet. Er sollte schlicht, aber vornehm sein, um den vielen Gästen der Berliner Bohème gerecht zu werden. So entstand eine dreiflügelige Anlage im Heimatstil mit klassizistischen Elementen samt Säulengang, mehreren Ladenpassagen und Wohnungen darüber. Im Bahnhof am besten gleich das Tourismusbüro nutzen und nach einer Karte fragen, in der die schönen sehenswerten Villen Bad Saarows eingetragen sind.

Gegenüber dem Bahnhof in die Ulmenstraße fahren. Nach wenigen hundert Metern steht rechts das auffällige Maxim-Gorki-Haus.

Im Gründerzeit-Bahnhof am besten gleich in der Touristeninformation eine Karte besorgen

KM 1

2 Maxim-Gorki-Haus
Skandinavisches Flair bewundern

Hier lebte der Schriftsteller zwar gar nicht, das Haus ist jedoch dank seinem rustikalen, skandinavischen Holzbaustil und der vielen Verzierungen und Schnitzereien sehr sehenswert. Der Name entstammt der Maxim-Gorki-Gedenkstätte, die dort zwischen 1972 und 1997 untergebracht war. Heute ist dies ein normales Wohnhaus, daher bitte die Privatsphäre der Bewohner:innen beachten. Das Gebäude ist eine von mehreren besonderen Villen in Bad Saarow, die die Novemberprogrome 1938 überlebt haben, denn zu jener Zeit wurde ein erheblicher Teil der Bauwerke im Ort, die im Besitz von Kunstschaffenden sowie Jüdinnen und Juden waren, durch die Nationalsozialisten zerstört.

Links Am Kurpark einbiegen, die Saarow-Therme passieren und nun immer dem Hauptweg am See folgen, der zeitweise eine ordentliche Steigung aufweist. Durch die Schwedensiedlung und am schönen Schwedenhaus mit herrlichem Seeblick vorbei. Durch Diensdorf und die Wendisch Rietz Siedlung am südlichen Ende vom See geht's nach Wendisch Rietz. Hier in die Neptunstraße rechts abbiegen, am Ende links und wieder rechts in die Strandstraße zum Hafen.

Das Maxim-Gorki-Haus ist eines der Architektur-Highlights im Künstlerort

KM 16

3 Wendisch Rietz
Ferienhäuschen aussuchen

Wendisch Rietz, ganz im Süden des Scharmützelsees gelegen, besticht durch seinen herrlichen, verschachtelten kleinen Hafen, der während der Saison mit kleinen Booten und Jachten vollgestopft ist und aussieht, als wäre er einem Bullerbü für Segelnde entsprungen. Der Ferienpark um den Hafen besteht aus lauter kleinen Schweden-Holzhäusern (www.schlosspark-bad-saarow.com), die echtes Urlaubsfeeling aufkommen lassen. Am Hafen gibt es verschiedene Möglichkeiten für eine kurze Erfrischung, außerdem kann man sich das Klappern der Bootsfähnchen um die Ohren wehen lassen.

Am Uferweg noch einmal Seeblick genießen, dann links über die Luisenaue wieder auf die Hauptstraße zurückkehren. Fast ganz im Norden angekommen, fährt man über die Neue Straße nach rechts zur Seepromenade.

Maritim-Flair schnuppern am kleinen Hafen in Wendisch Rietz

An schönen Tagen ist an der hübschen Seepromenade viel los

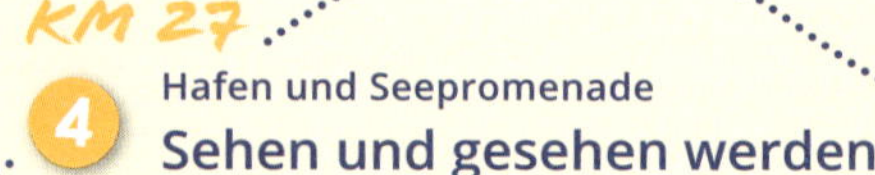
KM 27

4 Hafen und Seepromenade

Sehen und gesehen werden

Perfekter Platz am Wasser

An der Seepromenade Bad Saarows ist es nicht nur meist zu voll, sondern auch zu spannend, um einfach nur hindurchzuflitzen, also einfach mal vom Rad absteigen und das leichte Promiflair genießen. Mehr und weniger betuchte Urlaubsgäste und Einheimische flanieren hier an Strandbars, Cocktaillounges und Eisbars vorbei. Am Wochenende tönt Musik, die Stimmung ist üblicherweise recht ausgelassen. Am besten einfach mittreiben lassen, ein Eis essen und vielleicht in einer der gemütlichen Strandliegen die Tour schon ein bisschen ausklingen lassen.

Am Kurpark angekommen quer hindurch zur Seestraße, diese nach rechts Richtung Bahnhof fahren. Die Kaffeerösterei liegt rechter Hand kurz vor dem Bahnhof.

Neben Kaffee gibt's in der Rösterei viele leckere Naschereien

EXTRA INFOS:

Im ● **Fisch-Haus** am Glubigsee speist man sehr heimelig und extrem gut (www.fisch-haus-goedicke.de). Vorher besser reservieren!

Das ● **Atelier-Café** in Wendisch Rietz bietet leckeren Kaffee und Kuchen (www.ateliercafe-scharmuetzelsee.de), und in der ● **Patisserie Le Gâteau rose** in Bad Saarow gibt's die herrlichsten Naschereien zum Mitnehmen (gateaurose.de).

Die ● **Saarow-Therme** verwöhnt mit Thermalbecken, verschiedenen Saunen und Dampfbädern (therme.bad-saarow.de).

KM 29

5 Kaffeerösterei in Bad Saarow

Hineinschnuppern und bleiben

Ob türkische Brühung oder French Press: Im Café der Kaffeerösterei Bad Saarow (kaffeeroesterei-badsaarow.de) kann gewählt werden. Das ist vermutlich der ersten Coffeologin Brandenburgs zu verdanken, die hier ihre Bohnen und Röstungen verkauft oder auch direkt kredenzt, gerne zusammen mit einem Stück der unglaublich leckeren Kuchen und Torten. Der heimelige Laden bietet Sorten aus aller Welt an, auf Nachhaltigkeit und fairen Handel wird geachtet. Zusätzlich werden in einem kleinen Shop allerlei Dinge rund um den Kaffee sowie leckere Schokoladen und Pralinen verkauft – perfekt als Mitbringsel für Zuhause und als Erinnerung an den schönen Tag.

Von der Rösterei ein paar Meter nach rechts bis zur Pieskower Straße fahren, schräg links gegenüber befindet sich der Bahnhof Bad Saarow.

KM 29 » ZIEL

Bahnhof Bad Saarow

Zur Kaffeezeremonie am besten ein großes Stück Kuchen

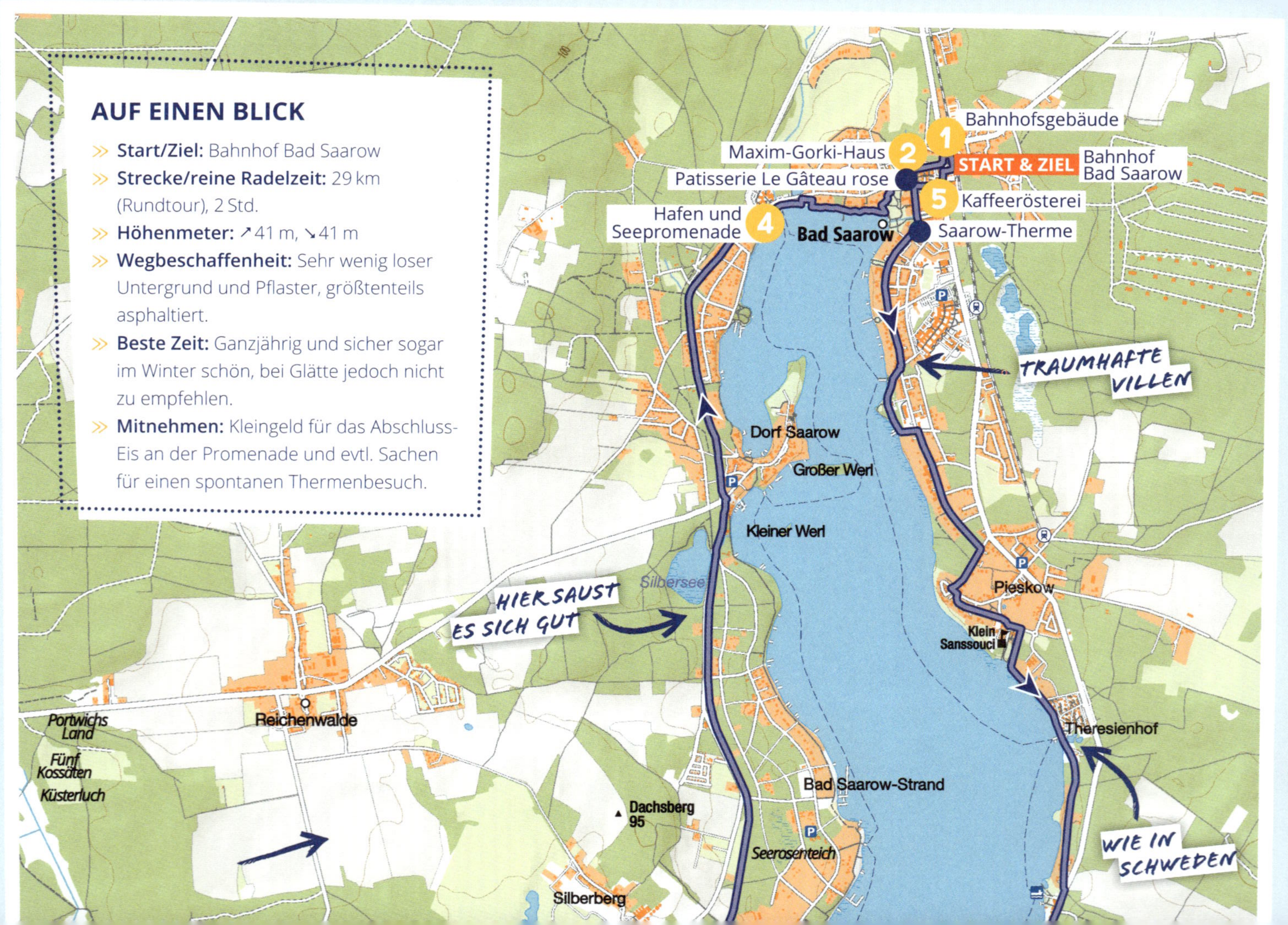

AUF EINEN BLICK
» Start/Ziel: Bahnhof Bad Saarow
» Strecke/reine Radelzeit: 29 km (Rundtour), 2 Std.
» Höhenmeter: ↗41 m, ↘41 m
» Wegbeschaffenheit: Sehr wenig loser Untergrund und Pflaster, größtenteils asphaltiert.
» Beste Zeit: Ganzjährig und sicher sogar im Winter schön, bei Glätte jedoch nicht zu empfehlen.
» Mitnehmen: Kleingeld für das Abschluss-Eis an der Promenade und evtl. Sachen für einen spontanen Thermenbesuch.
1 Bahnhofsgebäude
2 Maxim-Gorki-Haus
Patisserie Le Gâteau rose
START & ZIEL Bahnhof Bad Saarow
5 Kaffeerösterei
Saarow-Therme
4 Hafen und Seepromenade
Bad Saarow
TRAUMHAFTE VILLEN
Dorf Saarow
Großer Werl
Kleiner Werl
Silbersee
HIER SAUST ES SICH GUT
Pieskow
Klein Sanssouci
Theresienhof
WIE IN SCHWEDEN
Bad Saarow-Strand
Seerosenteich
Dachsberg 95
Silberberg
Reichenwalde
Portwichs Land
Fünf Kossäten
Küsterluch

Diensdorf-Radlow
Scharmützelsee
Dahmsdorf
Großer Storkower See
Hubertushöhe
B 246
Wendisch Rietz
Wendisch-Rietz
3
Waldfrieden
Glienicke
B 246
Atelier-Café
TOLLE BADEBUCHT!
Brandberge
80
Wendisch Rietz-Siedlung
Fisch-Haus am Glubigsee
Kleiner Glubigsee
Großer Glubigsee
N
0
1
2 KM

DIE RADELPAUSEN
» START
S-Bahnhof Bernau
KM 1
1
Altstadt Bernau
Stadtmauer-Spaziergang
KM 8
2
Badestelle Mechesee
Beine baumeln lassen
KM 13
3
Schlossberg Biesenthal
Hoch hinauf

13 AB IN DIE PILZE!

Im Biesenthal von Bernau nach Zerpenschleuse

Eines der schönsten zusammenhängenden Waldgebiete befindet sich im Biesenthal zwischen Bernau und Finowfurt. Im Sommer spendet der Wald herrlichen Schatten, im Herbst wandelt sich die Region zum beliebten Pilzsammelgebiet.

KM 16

4 In den Pilzen

Die Guten ins Körbchen

KM 24

5 Schleusengraf

Urig einkehren

KM 30 » ZIEL

Bahnhof Ruhlsdorf-Zerpenschleuse

BEI DEN WALDGEISTERN

Ein bisschen verwunschen ist die Atmosphäre mitten im Waldgebiet des Biesenthals. Der alte Schlossberg mit flüsternden Wänden und Überlieferungen der Askanier, das etwas skurrile Restaurant Schleusengraf und die alten Fachwerkhäuser im Ort Biesenthal laden zur Märchenstunde.

Schon der Start der Tour in Bernau beginnt mit dem Anblick der riesigen mittelalterlichen Stadtmauer imposant und hält spannende Überlieferungen bereit.

DER SCHÖNSTE MOMENT: WENN ES FRISCH GEREGNET HAT UND DIE WALDLUFT NACH ERDE UND MOOS DUFTET

Einige Kopfsteinpflaster müssen an den magischen Plätzen überwunden werden, in weiten Teilen jedoch ist die Strecke großartig ausgebaut und folgt dem Radweg Berlin-Usedom. Hier lässt es sich herrlich auf gutem Waldboden oder Asphalt durch Wald und Felder radeln. Der Wald wird im Herbst zu einem der besten Pilzgründe Brandenburgs, daher sollte man sich besser mit Körbchen und Messer bewaffnen – es lockt fette Beute!

Die ursprüngliche Wehrmühle geht auf eine mittelalterliche Mühlenanlage zurück

Die typischen Kiefer-Monokulturen Brandenburgs gibt es vor Ort zwar noch, sie verbuschen jedoch zunehmend mit wunderbarem Mischwald, der sich in der dritten Jahreszeit farbenprächtig und abwechslungsreich präsentiert. Der Waldboden ist übersät mit Farnen, unter denen sich leckere Pilze verbergen. Fast wäre man nicht überrascht, eine Elfe ganz adrett auf den glänzenden Waldfrüchten sitzen zu sehen. Zum Zielbahnhof fährt es sich dann fast wie von selbst am schönen Finowkanal entlang. Wer möchte, kann statt nach Zerpenschlause auch gen Osten nach Finowfurt radeln. «

Der Finowkanal bezaubert mit unterschiedlichen Gesichtern und wilden Ecken

Im Örtchen Biesenthal wurde das historische Rathaus aus dem 18. Jahrhundert in den Originalzustand zurückversetzt

Schönste Pilzgründe im Biesenthal

RADELN & GENIEẞEN

» START

S-Bahnhof Bernau

Die Breitscheidstraße ein Stück nach links und dann rechts in die Alte Goethestraße. Nach wenigen Metern erreicht man die Stadtmauer.

Die versteckte Badestelle am Mechesee ist perfekt für eine Rast

KM 1

1 Altstadt Bernau

Stadtmauer-Spaziergang

Der Anblick am Steintor, einem von ehemals drei Toren, ist beeindruckend. Das heutige Bernau wurde im 13. Jahrhundert gegründet, aus dieser Zeit stammt auch die Stadtmauer. Der Hungerturm nebenan kann bestiegen werden und bietet einen tollen Blick über den Ort. Der Sage nach war es Albrecht der Bär, Begründer der Mark Brandenburg, der in einem hiesigen Wirtshaus ein so gutes Bier genoss, dass er beschloss, eine Stadt zu gründen. Eine schöne Geschichte, zumal Bernau tatsächlich jahrhundertelang über die Grenzen der Mark hinaus wegen des guten Bieres berühmt war – wen kümmert es da, dass Albrecht bereits im 12. Jahrhundert gelebt hat?

Innerhalb der Stadtmauer nach Norden fahren. An der Mühlenstraße durch die Stadtmauer nach rechts und an der nächsten Straße erneut rechts. Links in die große Ladeburger Chaussee fahren und dieser folgen. In Ladeburg rechts auf den Biesenthaler Weg. Im nächsten Ort an der Bodelschwinghstraße links und hinter dem Martin-Luther-Haus rechts. Die Wege zum Mechesee sind Trampelpfade. Am See rechts halten.

Entlang der Bernauer Stadtmauer finden sich noch einige Fachwerkhäuser

Burgberg mit Aussicht: Vom Turm gibt es einen weiten Blick ins Biesenthal

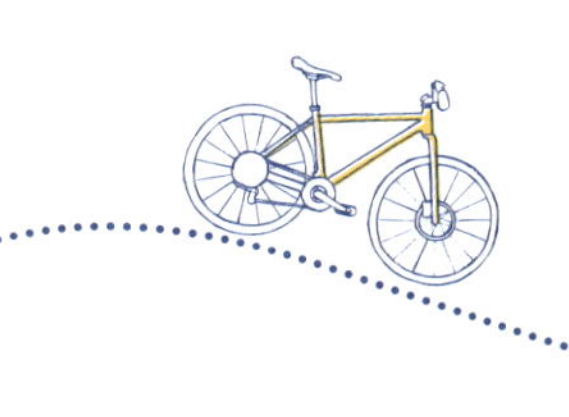

KM 8

2 Badestelle Mechesee
Beine baumeln lassen

Der Abstecher zum Mechesee ist zwar aufgrund des Sandweges etwas beschwerlich, aber kurz und lohnend. Üblicherweise sind wenige Menschen hier, und die kleine Badestelle mit Sandstrand und Steg lädt zur kurzen Pause und einem Fußstipper ins Wasser ein. Wer im Sommer kommt, kann auch eine Schwimmrunde einlegen, der Mechesee ist bekannt für seine gute Wasserqualität. Sollte es vor Ort doch einmal zu voll sein: Nur 150 Meter weiter, entgegen dem Uhrzeigersinn am Ufer entlang befindet sich noch eine weitere Badestelle.

Zurück zum Ladeburger Weg und links abbiegen. Nun wird das hübsche Biesenthaler Becken durchquert. In Biesenthal links auf die Breite Straße, in die Schulstraße nach rechts und gleich links in den holprigen Wehrmühlenweg. Diesem 150 Meter folgen.

KM 13

3 Schlossberg Biesenthal
Hoch hinauf

Die Gegend um Biesenthal ist seit mehreren tausend Jahren besiedelt: erst durch Germanen, dann kamen die Slawen und schließlich die Askanier. Unter Letzteren entstand die Burg Biesenthal, die bis ins 17. Jahrhundert als Doppelanlage auf den beiden Hügeln stand und durch eine Holzbrücke verbunden war. Dank der nahegelegenen Wehrmühle konnte das Gelände um die Burg herum einst unter Wasser gesetzt werden, sobald sich Feinde zeigten. Schade, dass von der Anlage heute nur noch die Grundmauern zu sehen sind. Der Aufstieg über die recht steilen Steinstufen lohnt sich dennoch sehr, da auf dem Schlossberg um 1900 der Kaiser-Friedrich-Turm in hübscher Backsteingotik erbaut wurde. Er ist frei begehbar und bietet von oben eine herrliche Aussicht. Wer ein bisschen die Umgebung erkundet, kann einige interessante Dinge und Sagen entdecken. Manche Mauern sollen hier sogar regelmäßig flüstern.

Dem Weg weiter folgen und die Fahrradschilder beachten. Die Finow wird an der alten Wehrmühle ein zweites Mal überquert. Hier einen scharfen Linksknick machen.

Gemütlich sitzt es sich im berühmten »Schleusengraf«

KM 16

In den Pilzen

Die Guten ins Körbchen

Das Festmahl ist fix selbst gesammelt

Wer zur Pilzzeit kommt, kann sich leicht an den vielen mit Körbchen bewaffneten Sammler:innen orientieren, denn die Gegend ist für die tollen Pilze bekannt und beliebt. Verpassen kann man nichts: von hier bis zum Schleusengraf bietet der Wald fast überall tolle Bedingungen, zumindest in guten Pilzjahren. Wer sich nicht auskennt, sollte Fachleute konsultieren und immer sicherstellen, dass das Gesammelte auch genießbar ist. Am besten nur Schwämmchenpilze nehmen, die keinen Fraß aufweisen und immer schön scharf abschneiden oder abdrehen, damit das zarte Pilzgeflecht unterhalb der Pilzfrucht keinen Schaden nimmt. Nur dann kann auch im nächsten Jahr geerntet werden und der Wald von diesem Lebewesen profitieren.

Dem Weg weiter folgen. Kurz vor Überquerung der Finow links in den Grafenbrücker Weg. Dieser führt direkt zum Schleusengraf.

EXTRA INFOS:

In Bernau lädt das ● **Café Mühle** zu einem leckeren Brunch oder Kuchen (www.cafe-muehle-bernau.de).

Für einen längeren Badestopp lohnt sich ein Abstecher in Biesenthal zum **Wukensee** mit seinem schönen Strandbad (strandbad-wukensee.com).

Die Fachwerkhäuser in Biesenthal sind sehr sehenswert, hier befindet sich auch das ● **Heimatmuseum** (www.biesenthal.de).

KM 30 » ZIEL

Bahnhof Ruhlsdorf-Zerpenschleuse

KM 24

5 Schleusengraf

Urig einkehren

Es ist ein seltsamer, urtümlicher Bau, in dem der Schleusengraf sein Restaurant untergebracht hat – halb Haus, halb Hütte und vermutlich um die 200 Jahre alt (www.derschleusengraf.de). Die Familie macht hier alles selbst, daher gibt es meist nur eine Tagessuppe und eine Kuchensorte, dafür mit umso mehr Liebe und regionalen Zutaten zubereitet. Im Sommer lockt Tomatensuppe, im Herbst vermutlich Kürbissuppe, je nach Gusto der Köchin. Das urige Restaurant ist nicht nur bei Radelbegeisterten beliebt, auch Einheimische kommen gerne für einen kurzen Ausflug vorbei, und man schwatzt über die weitere Tour, denn hier kreuzen sich mehrere bekannte Fahrradwege.

Hinter dem Schleusengraf in den Gräfenbrücker Weg links einbiegen und immer geradeaus den Treidelweg am Finowkanal entlangfahren. So kommt man direkt zum Bahnhof.

Die Speisen sind einfach, aber gut, was perfekt zur Gegend passt

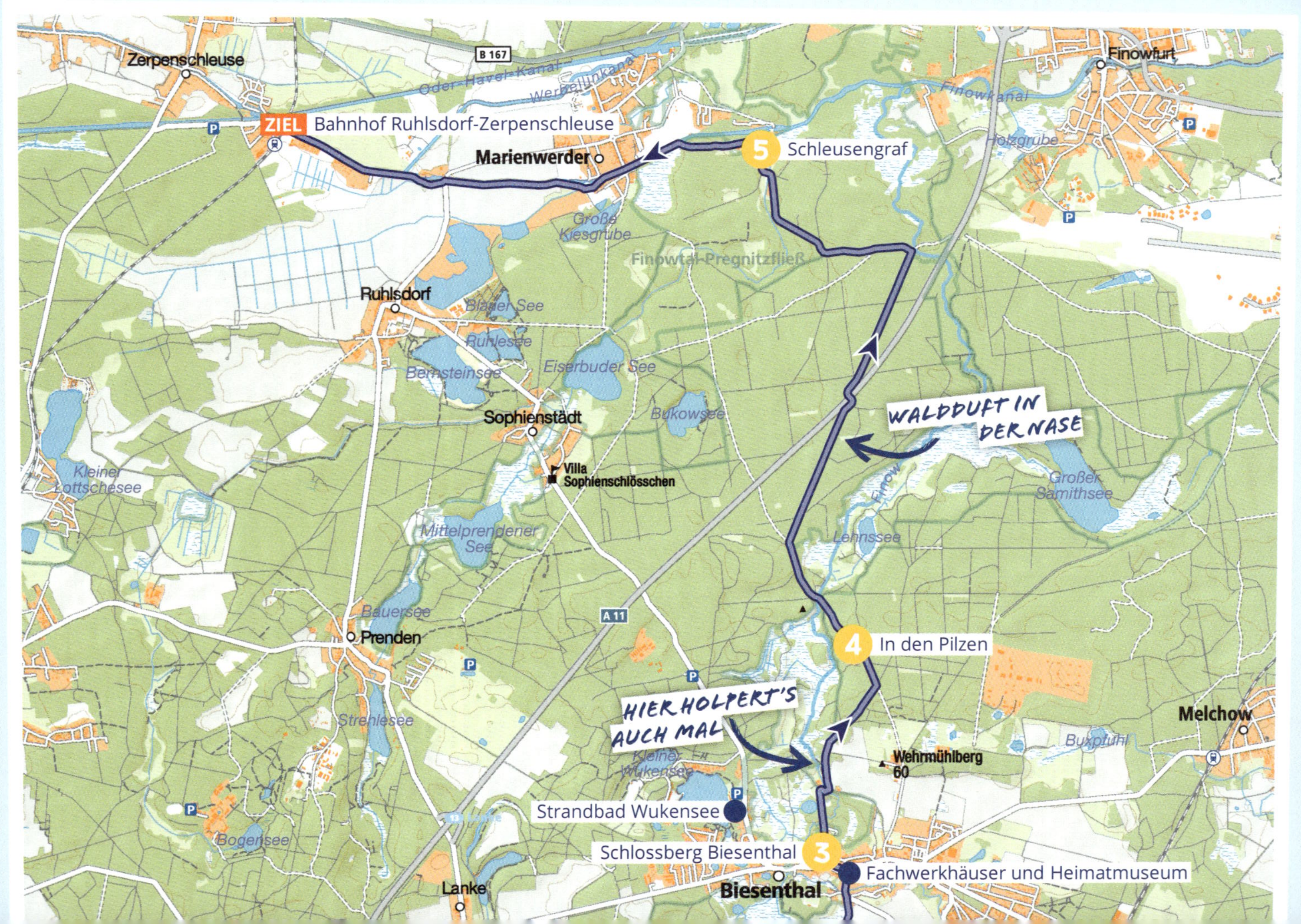
ZIEL Bahnhof Ruhlsdorf-Zerpenschleuse
5 Schleusengraf
4 In den Pilzen
3 Schlossberg Biesenthal
Fachwerkhäuser und Heimatmuseum
Strandbad Wukensee
WALDDUFT IN DER NASE
HIER HOLPERT'S AUCH MAL
Zerpenschleuse
Marienwerder
Finowfurt
Ruhlsdorf
Sophienstädt
Villa Sophienschlösschen
Prenden
Lanke
Biesenthal
Melchow
Wehrmühlberg 60
B 167
A 11
Oder-Havel-Kanal
Werbellinkanal
Finowkanal
Holzgrube
Große Kiesgrube
Finowtal-Pregnitzfließ
Blauer See
Ruhlesee
Bernsteinsee
Eiserbuder See
Bukowsee
Kleiner Lottschesee
Mittelprendener See
Bauersee
Strehlesee
Bogensee
Kleiner Wukensee
Lehnssee
Finow
Großer Samithsee
Buxpfuhl

AUF EINEN BLICK

» **Start:** S-Bahnhof Bernau

» **Ziel:** Bahnhof Ruhlsdorf-Zerpenschleuse

» **Strecke/reine Radelzeit:** 30 km (Streckentour), 2 Std. 30

» **Höhenmeter:** ↗ 23 m, ↘ 52 m

» **Wegbeschaffenheit:** Bis auf wenige Kopfsteinpflaster-Ausnahmen befestigter Weg, Waldweg oder Asphalt. Achtung: Mancher Asphalt ist durch Wurzeln aufgesprungen!

» **Beste Zeit:** Herbst und Pilzzeit, aber auch im Sommer schön, dann spendet der Wald herrlich kühlen Schatten.

» **Mitnehmen:** Taschenmesser und Körbchen zum Pilzesammeln, Tuch zum Säubern der Hände, Bargeld für den Schleusengraf.

DIE RADELPAUSEN

» START
Bahnhof Zehdenick

KM 3
1 Tonstiche Zehdenick
Einblick ins ehemalige Ziegeleirevier

KM 5
2 Havelschloss Zehdenick
Kurze Pause am Wasser

KM 35
3 Heilstätte Grabowsee
Durch Zäune kieken und Streetart bewundern

14 VON SCHLOSS ZU SCHLOSS

Auf dem Havelradweg von Zehdenick nach Oranienburg

Einfach mal in die Pedale treten – das geht perfekt auf der gut ausgebauten Fahrradstrecke Berlin-Kopenhagen. Stets am Wasser entlang von Schloss Zehdenick zum Schloss Oranienburg, und am Ende wird mit Schlossblick italienisch eingekehrt.

GRUSS AUS KOPENHAGEN!

Keine Sorge – in Dänemark startet die Tour nicht, doch wer sich dieses Projekt einmal vorgenommen hat, rollt auf dieser Teilstrecke des Radweges Berlin-Kopenhagen nach Berlin hinein.

Der Weg ist perfekt ausgebaut, und verfahren kann man sich kaum, nicht zufällig nutzen hier viele das Rennrad für ein Training. Hier und da ist eventuell der Untergrund etwas aufgebrochen, doch abgesehen von einigen spannenden Abstechern ins Gelände rollt es sich wunderbar bis nach Oranienburg.

DER SCHÖNSTE MOMENT: WENN AM KANAL SO RICHTIG FAHRTWIND AUFKOMMT

Zum großen Teil führt die Route an der Havel-Oder-Wasserstraße entlang, mit schönen Ausblicken beim Überqueren des Finow- oder des Oder-Havel-Kanals. Dörfer werden nur vereinzelt passiert, so etwa das hübsche Krewelin oder Liebenwalde, daher nimmt man besser einen Snack für unterwegs mit. Eingekehrt wird erst am Ende der Tour, dafür umso schöner mit Blick auf das hübsche Barockschloss in Oranienburg. Unterwegs gibt es aber unzählige Gelegenheiten für Pausen am Wasser, zum Beispiel an einer schönen Badestelle am Lehnitzsee.

Wer möchte, kann auf der historischen Strecke in die Vergangenheit eintauchen: Nördlich von Zehdenick erstreckt sich eine riesige ehemalige Tonstichlandschaft, in der um 1900 das Ziegelmaterial für das rasant wachsende Berlin abgebaut wurde. Nur 40 Jahre später ließen die Nationalsozialisten am Kanal von KZ-Häftlingen Ziegel für das Größenwahnprojekt Germania herstellen. Eine gute Gelegenheit, innezuhalten und den Opfern dieser Zeit zu gedenken.

Heute sitzen viele Angelnde am Kanal und frönen der Stille, die nur selten von Schiffen unterbrochen wird.

Die Tour kann mit einem ausführlichen Besuch der Stadt und vielleicht sogar einem eigenen Besuchstag in der Gedenkstätte Sachsenhausen verlängert werden. «

RADELN & GENIEßEN

Die Tonstiche, aus denen früher der Ton für Millionen Ziegel gewonnen wurde, sind heute Heimat für Biber, Vögel und seltene Pflanzen

Bahnhof Zehdenick

Vom Bahnhof geht's über die Eisenbahnstraße, den Klausdamm nach links und vor den Schienen rechts nach Norden.

KM 3

1 **Tonstiche Zehdenick**

Einblick ins ehemalige Ziegeleirevier

Am Wasser angekommen, folgt man den Bahnschienen noch ein kurzes Stück auf Waldboden zur Havelbrücke. Hier gibt es bereits einen guten Eindruck von den ehemaligen Tonstichen. In ihnen wurde vor über hundert Jahren das Material für Millionen Ziegel für die wachsende Metropole Berlin abgebaut. Heute ist dies eine schöne Wasserlandschaft und ein kleines Naturparadies für viele verschiedene Pflanzen, Vögel und Insekten. Das ehemals größte Ziegeleirevier Europas kann nach Norden beliebig weiter erkundet werden. In Mildenberg befindet sich das empfehlenswerte Ziegeleimuseum (www.ziegeleipark.de), das einen eigenen Erkundungstag wert ist. Also am besten noch einmal wiederkommen!

Auf gleichem Weg zurück zum Klausdamm und links abbiegen. An der Fischerstraße erneut links. Über die Schleuse hinweg noch ein Stück weiter geht es zum Havelschloss Zehdenick.

Die alten Gleise zum Ton- und Ziegeltransport existieren noch immer

KM 5

2 Havelschloss Zehdenick

Kurze Pause am Wasser

Schloss Zehdenick liegt romantisch auf einer Halbinsel an der Havel

Das Restaurant im Schloss Zehdenick öffnet leider erst am Nachmittag, sodass nur ein kurzer Sightseeing-Stopp eingelegt wird. Die schöne Lage auf einer Halbinsel in der Havel, an der die Schiffe zur über hundert Jahre alten Schleuse vorbeischippern, macht allerdings gleich Lust auf einen gemütlichen Kaffee aus der Thermoskanne, bevor es weitergeht. Vor 800 Jahren stand hier bereits eine Slawenburg. Ein von der Familie von Arnim errichtetes Renaissanceschloss wurde während des Dreißigjährigen Krieges zerstört und dessen Steine zum Wiederaufbau von Schloss Oranienburg verwendet, das am Ende der Tour besucht wird. Die Ursprünge des heutigen, eher schlichten Schlosses liegen rund 200 Jahre zurück. Aus alten Burgzeiten ist ein Kellergewölbe übriggeblieben, das heute als Speiseraum für das Schlosshotel dient (www.schlosszehdenick.de) .

Zurück über die Schleuse, links halten und in die Mühlenstraße fahren. An der Marktstraße links. Geradeaus in die Klosterstraße und die Verlängerte Klosterstraße. Am Karl-Liebknecht-Platz rechts. An der Clara-Zetkin-Straße links und nun immer den Fahrradschildern folgen. Der Weg führt nach wenigen Metern zum Voßkanal, dem Hauptstrom der Havel.

Vor 800 Jahren stand auf diesem Grund bereits eine Slawenburg

KM 35

3 Heilstätte Grabowsee

Durch Zäune kieken und Streetart bewundern

An der ehemaligen Heilstätte Grabowsee lohnt eine kurze Verschnaufpause. Die frühere Lungenheilstätte, 1896 als erste ihrer Art in Norddeutschland erbaut, liegt heute geheimnisvoll hinter Mauern, überwuchert von Büschen und Bäumen, doch ab und an kann durch ein Loch im Zaun gelugt und ein Blick auf die alten Gebäude geworfen werden. Auf den Mauern finden sich diverse Graffiti und Streetart vom Verein Kids Globe, der hier ein großes Jugendprojekt umsetzen wollte. Seitdem dieses scheiterte, ist die Zukunft des Geländes mit mindestens 15 denkmalgeschützten Bauwerken ungewiss.

Vor der Heilstätte rechts zum Oder-Havel-Kanal fahren, diesen überqueren und weiter den Schildern folgen.

Eine Gedenktafel erinnert an das Außenlager des KZ Sachsenhausen

Gedenkort ehemaliges Klinkerwerk

Innehalten

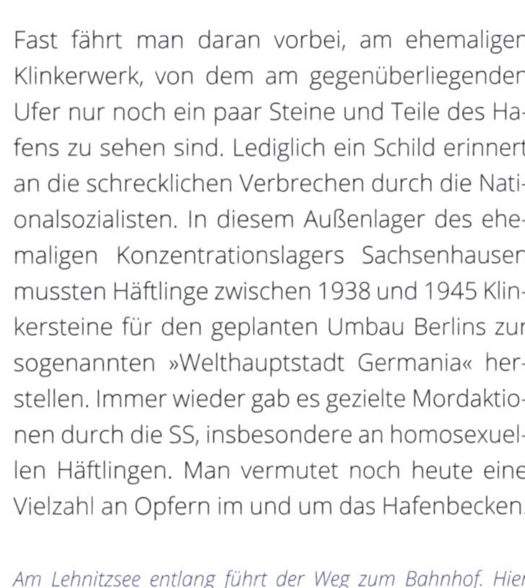

Fast fährt man daran vorbei, am ehemaligen Klinkerwerk, von dem am gegenüberliegenden Ufer nur noch ein paar Steine und Teile des Hafens zu sehen sind. Lediglich ein Schild erinnert an die schrecklichen Verbrechen durch die Nationalsozialisten. In diesem Außenlager des ehemaligen Konzentrationslagers Sachsenhausen mussten Häftlinge zwischen 1938 und 1945 Klinkersteine für den geplanten Umbau Berlins zur sogenannten »Welthauptstadt Germania« herstellen. Immer wieder gab es gezielte Mordaktionen durch die SS, insbesondere an homosexuellen Häftlingen. Man vermutet noch heute eine Vielzahl an Opfern im und um das Hafenbecken.

Am Lehnitzsee entlang führt der Weg zum Bahnhof. Hier nach links in die Willy-Brandt-Straße und mit einem Rechtsschlenker über die Lehnitzstraße weiter auf den Louise-Henriette-Steg. Nach der Überquerung der Oranienburger Havel rechts abbiegen. Geradeaus führt nun der Weg am Restaurant L'Oasi vorbei zum prächtigen Schloss Oranienburg.

Spannende Streetart gibt es am Lost Place der ehemaligen Heilstätte Grabowsee zu sehen

Immer ein Highlight: das beeindruckende Barockschloss Oranienburg

KM 43,5

5

Schloss & Park Oranienburg

Blühende Runde drehen

Der riesige Schlosspark lädt zum ausführlichen Bummel ein – allerdings zu Fuß, denn Fahrräder sind nicht erlaubt

Das ganz in Weiß strahlende Schloss Oranienburg, eines der bedeutendsten Barockschlösser Brandenburgs, ist bereits von außen eine Augenweide. Wer Zeit und Muße hat, kann sich zusätzlich im Museum umschauen (www.spsg.de > Schlösser & Gärten > Schlossmuseum Oranienburg). Gegen ein paar Euro Eintritt ist der Schlosspark sehenswert, der im 17. Jahrhundert im Auftrag von Kurfürstin Louise Henriette von Oranien angelegt wurde. Fahrräder müssen allerdings draußen angeschlossen werden. Der herrschaftliche Garten mit Wasserläufen und vielen verschiedenen Ziergärten erblüht besonders im Frühjahr und Sommer in prächtiger Vielfalt.

Vom Schlosspark-Eingang geht's rechts zum 100 Meter entfernten Restaurant L'Oasi.

KM 44

6

Restaurant L'Oasi

Italienisch genießen

Typisch italienisch mit rotweiß kartierten Tischdecken versprüht das Restaurant L'Oasi (www.restaurant-loasi.de) in einem hübschen Bürgerhaus am Schlossplatz gemütlichen Charme. Wer lieber draußen sitzt, genießt zudem einen schönen Schlossblick. Die große Straße stört weniger, denn als unaufdringlichen Schallschutz wurden Plexiglasscheiben angebracht. Fans italienischer Pizza mit krossem, dünnem Boden kommen voll auf ihre Kosten, aber auch die Trüffelpasta oder das hausgemachte Eis haben das Zeug, den Tag perfekt zum Ausklingen zu bringen. Wer am Wochenende ganz sichergehen will, reserviert besser vorher.

Den gleichen Weg zurück über die Havel wieder zur Lehnitzstraße, rechts einbiegen und nach 300 Metern links in die Krebststraße, die direkt zum Bahnhof führt.

Gegenüber vom Schloss lässt es sich wunderbar italienisch im L'Oasi speisen

EXTRA INFOS:

Bei der Ruine vom ● **Kloster Zehdenick** (www.kloster-zehdenick.de) können Teile des Kreuzganges und einige Gewölberäume aus dem 14. Jahrhundert besichtigt werden. Dies ist eines der ältesten Nonnenklöster der Zisterzienser in Brandenburg.

In Krewelin, das mit einem Schlenker vom Voßkanal aus erreichbar ist, ist die besondere ● **Fachwerk-Dorfkirche** aus dem 17. Jahrhundert zu bewundern.

In Liebenwalde beeindrucken das prächtige ● **Rathaus** und die nach Plänen von Schinkel erbaute klassizistische Pfarrkirche.

Die ● **Gedenkstätte Sachsenhausen** auf dem Gelände des ehemaligen KZ Sachsenhausen benötigt sicher mehr Zeit und den Willen, sich auf die Ausstellungen über die furchtbaren Geschehnisse einzulassen (www.sachsenhausen-sbg.de).

KM 45 » ZIEL

S-Bahnhof Oranienburg

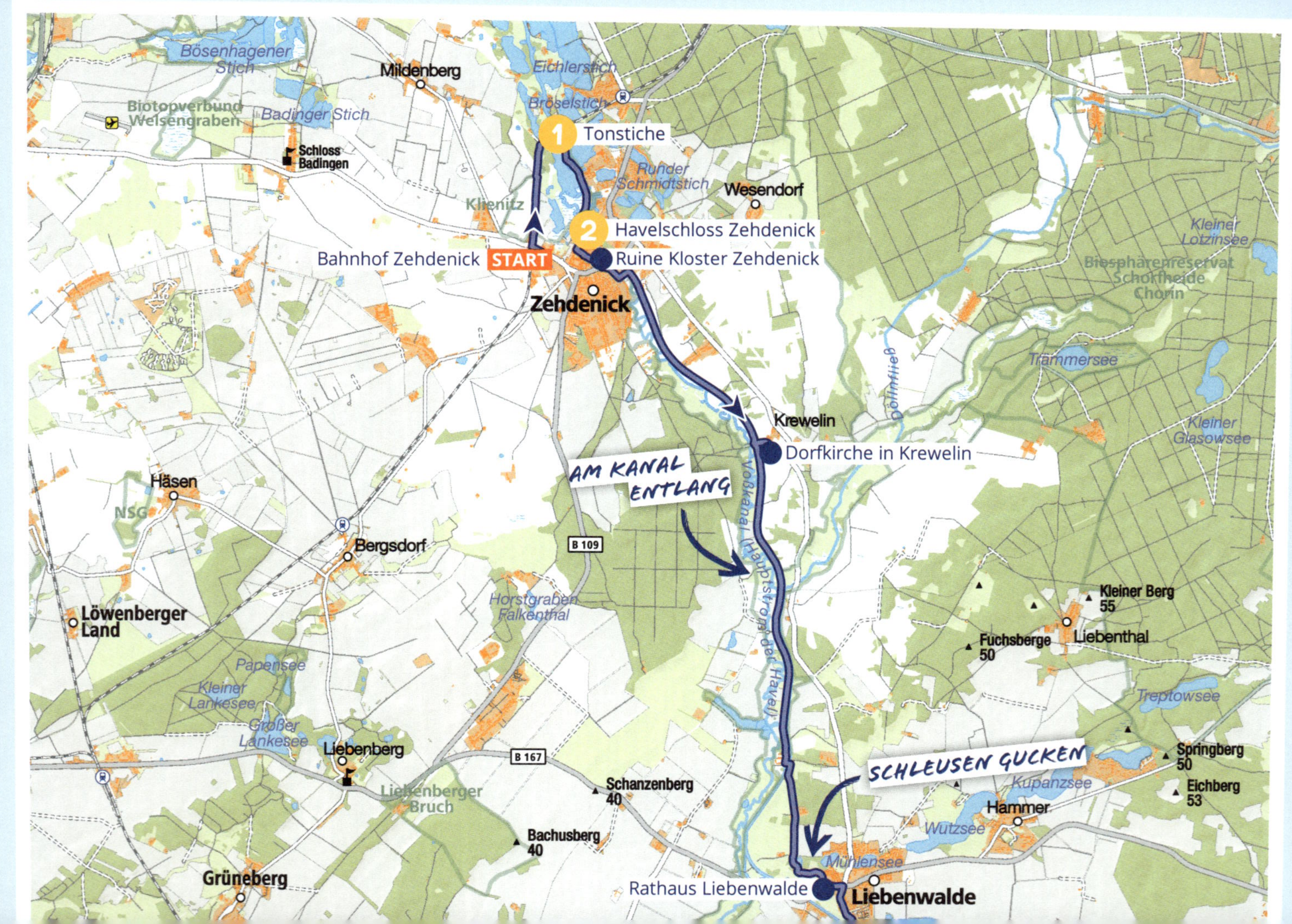

Bösenhagener Stich
Mildenberg
Eichlerstich
Bröselstich
Biotopverbund Welsengraben
Badinger Stich
Schloss Badingen
1 Tonstiche
Runder Schmidtstich
Wesendorf
Klienitz
2 Havelschloss Zehdenick
Bahnhof Zehdenick START
Ruine Kloster Zehdenick
Zehdenick
Kleiner Lotzinsee
Biosphärenreservat Schorfheide Chorin
Trämmersee
Döllnfließ
Krewelin
Kleiner Glasowsee
Dorfkirche in Krewelin
AM KANAL ENTLANG
Voßkanal (Hauptstrom der Havel)
Häsen
NSG
Bergsdorf
B 109
Löwenberger Land
Horstgraben Falkenthal
Kleiner Berg 55
Liebenthal
Fuchsberge 50
Papensee
Kleiner Lankesee
Großer Lankesee
Liebenberg
B 167
Treptowsee
Springberg 50
Eichberg 53
Schanzenberg 40
Liebenberger Bruch
SCHLEUSEN GUCKEN
Kupanzsee
Hammer
Wutzsee
Bachusberg 40
Mühlensee
Grüneberg
Rathaus Liebenwalde
Liebenwalde

AUF EINEN BLICK

- **Start:** Bahnhof Zehdenick
- **Ziel:** S-Bahnhof Oranienburg
- **Strecke/reine Radelzeit:** 45 km (Streckentour), 3 Std.
- **Höhenmeter:** ↗ 12 m, ↘ 21 m
- **Wegbeschaffenheit:** Asphaltiert.
- **Beste Zeit:** Frühling bis Spätsommer.
- **Mitnehmen:** Imbiss oder gleich ein Picknick. Es gibt wenige Einkehrmöglichkeiten, dafür umso mehr schöne Picknickplätze am Wasser.

DIE RADELPAUSEN

» START
Bahnhof Vehlefanz

KM 2
1 Bohlenweg am Mühlensee
Erstmal durchatmen

KM 3
2 Bockwindmühle
Kaffeepause mit Flügeln

KM 9,5
3 Scheunenviertel Kremmen
Schlendern und Staunen

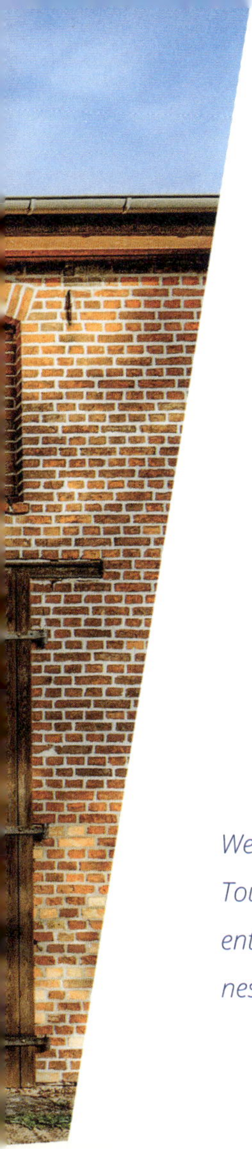

15 VON DORF ZU DORF

Von Vehlefanz nach Neuruppin

Wer Brandenburg noch nicht ins Herz geschlossen hat, sollte mit dieser Tour beginnen. Einige der hübschesten Dörfer liegen auf dem Weg, der entlang verschiedener Seen bis zur sehenswerten Geburtsstadt Fontanes führt.

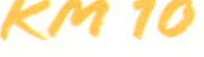

KM 10
4 Zur Alten Lebkuchenfabrik
Pause im schönsten Café

KM 28
5 Waldweg
Waldbaden

KM 42
6 Neuruppin Seepromenade
Herrlich spazieren

KM 44 » ZIEL
Bahnhof Neuruppin West

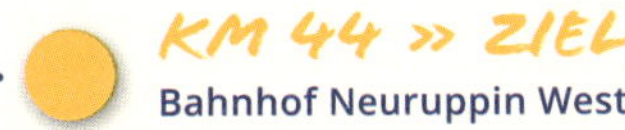

EINE LIEBLINGSTOUR ...

... durch Oberhavel und Ruppiner Land! Die in weiten Teilen super ausgebaute Radstrecke führt durch einige der schönsten Dörfer Brandenburgs. Das hübsche Kremmen lockt mit vielen alten Häusern, einem erstaunlich großen Marktplatz und dem vermutlich größten denkmalgeschützten Scheunenviertel Deutschlands. Sommerfeld und Wall warten mit tollen Gründerzeit-Häusern und alten Höfen auf. Da macht es auch nichts, dass ab und an das Kopfsteinpflaster zu langsamerem Fahren zwingt. Automatisch fragt man sich, an welcher Ecke man hier selbst gerne ein kleines Häuschen mit Sommergarten hätte – schön wär's! Die Kamera bleibt jedenfalls griffbereit bei diesen vielen Postkartenmotiven.

DER SCHÖNSTE MOMENT: WENN SICH DER ZAUBERHAFTE INNENHOF DER ALTEN LEBKUCHENFABRIK ZEIGT

Da zwischen den Dörfern manchmal nichts als Wald liegt, muss auch mal ein sandiger Weg überwunden werden. Wie praktisch, dass dieser sich gleich zum Waldbaden eignet. Einfach mal kurz runter vom Rad und eine Pause einlegen. Nach der kleinen Abwechslung geht's auch schon wieder auf schnellerem Asphalt weiter. Am Anfang und am Ende lockt das Wasser mit tollen Ausblicken, Vögeln, Fischereien und auch einem Schloss – eine typische Brandenburger Landpartie also.

Wer noch nie im malerischen Neuruppin war, sollte für den Abschluss der Tour gleich etwas mehr Zeit einplanen. Die Wasserstadt hat nämlich mehr zu bieten, als man meint: unzählige Cafés und Restaurants, eine beeindruckende Stadtmauer und eine Klosterkirche. In dem Geburtsort Fontanes und der ehemaligen Garnisonsstadt gibt es viel Geschichte zu entdecken, und man merkt: Wie schon vor 200 Jahren flanieren Einheimische und Touristen gerne an der beeindruckenden Seepromenade entlang. Wer es sich richtig gut gehen lassen will, beendet den Ausflug mit einem Besuch in der Fontane-Therme und der schönsten See-Sauna Brandenburgs. «

Hier lässt's sich perfekt radeln

Neben der Dorfkirche in Kremmen steht das sehenswerte alte Pfarrhaus

Die restaurierte Klappbrücke im alten Fischerörtchen Altfriesack steht heute unter Denkmalschutz

Heute laufen hier nur die Hühner herum. Bei gutem Timing kann man im Garten des Schlossgut Schwante sehr gut speisen

RADELN & GENIEßEN

»START

Bahnhof Vehlefanz

Vom Bahnhof die Bärenklauer Straße nach links fahren, an der Lindenallee wieder links und dem Fahrradschild am Anger folgen. Am Burgwall rechts und nach 500 Metern rechts in den Weinbergweg. Den Schildern zum Mühlensee folgen.

Bis auf Entengeschnatter herrscht absolute Ruhe am Mühlensee

KM 2

1 Bohlenweg am Mühlensee

Erstmal durchatmen

Überraschung! Nicht nur haben sich die Menschen in Vehlefanz die Mühe gemacht, auf Informationstafeln an historische Stätten und Geschichten der Region zu erinnern. Am schönen Mühlensee haben sie zudem einen langen Bohlensteg gebaut, der über das Wasser führt. Naturbegeisterte können hier umherschlendern, auf einer der vielen Sitzbänke Platz nehmen und Ruhe finden. Verschiedene Vögel lassen sich beobachten, drüben schnattern die Enten, der Wind bläst durchs Schilf: der beste Platz, um einmal durchzuatmen.

Vom Bohlenweg den Fahrradschildern folgen. Die Bockwindmühle ist schon von Weitem sichtbar.

KM 3

2 Bockwindmühle
Kaffeepause mit Flügeln

Auf einem Hügel am Ortsausgang Vehlefanz steht für jeden weithin sichtbar die beeindruckende Rekonstruktion der alten Bockwindmühle von 1815. Der Tourismusverband hat ihre Geschichte auf einer Tafel festgehalten und außerdem ein paar hübsche Holzbänke aufgestellt, um eine kurze Rast mit Blick über die Felder zu ermöglichen. Nebenan gibt es einen kleinen wildbienenfreundlichen Garten und ein Heimatmuseum, in dem gleich noch ein paar Fragen gestellt werden können, zum Beispiel zum geplanten Aussichtsturm auf dem Weinberg Am Mühlensee.

Hinter der Mühle die Lindenallee links und nun immer die Hauptstraße entlang über Schwante, Kuckuckswinkel, Amalienfelde nach Kremmen. Das erste nach links weisende Schild Scheunenviertel ignorieren und der Hauptstraße folgen. Das Scheunenviertel liegt unübersehbar rechts am Scheunenweg.

Mühle mit Aussicht: Die Rekonstruktion der alten Bockwindmühle bietet heute beste Picknickplätze

Besser genügend Zeit nehmen: Im Scheunenviertel gibt's zwischen Kunst und Handwerk viel zu stöbern

KM 9,5

3 Scheunenviertel Kremmen
Schlendern und Staunen

Ein ganzes Viertel voller riesiger alter Scheunen – kein Wunder, dass der gesamte Komplex unter Denkmalschutz gestellt ist. Rund 40 historische Gebäude ergeben Deutschlands wohl größtes Scheunenviertel Kremmen (www.scheunenviertel-kremmen.com). An Veranstaltungstagen ist hier viel los, und in jeder zweiten Scheune gibt es Kunst, Handwerk, ein Museum, Theater oder eine gute Gelegenheit zur Einkehr. An ruhigen Tagen geht's dagegen herrlich entspannt zu. Dann kann man herumschlendern, sein Fahrrad überall abstellen und tolle Fotos machen.

Vom Scheunenviertel rechts in die Straße Kurzer Damm, dann links in die Berliner Straße. Im Hof der Nummer vier befindet sich die Alte Lebkuchenfabrik.

KM 10

4 Zur Alten Lebkuchenfabrik

Pause im schönsten Café

Innen wie außen ein Schmuckstück: das Café Zur Alten Lebkuchenfabrik

Die Alte Lebkuchenfabrik (www.lebkuchenfabrik.com) wurde saniert, der Charakter blieb jedoch erhalten. Der zauberhafte Innenhof des Backsteingebäudes begrüßt mit vielen Blumen und verzierten Metallstühlen und Tischen. Drinnen kommt dank weißgetünchter Backsteinwände, der Holzstühle und eines Samtsofa auf alten Dielen gemütliche Wohnzimmeratmosphäre auf. Kredenzt wird vor allem Regionales und Saisonales vom Frühstück bis zu kleinen Gerichten. Hier kann man es sich gutgehen lassen.

Weiter geradeaus lohnt ein kleiner Abstecher zum Markt. Anschließend geht's die Dammstraße nach rechts und vorbei an der Kirche mit schönem Pfarrhaus. Vor dem Kirchplatz der Straße der Einheit rechts, dann in die Ruppiner Chaussee und der Hauptstraße durch Sommerfeld bis nach Beetz folgen. Hier in die Beetzer Dorfstraße und auf dem Fahrradweg durch Wall. Vor den Bahnschienen die Fahrradroute verlassen und den Spuren der Waldarbeiter-Fahrzeuge folgen: Nach links einen kurzen Weg entlang der Schienen, dann links, die Nächste rechts und immer geradeaus. Erneut an den Schienen angekommen, knickt der Weg leicht nach links, dann nochmal links und wieder rechts.

KM 28

Waldweg

Waldbaden

Je nach Jahreszeit duften die Blätter auf dieser drei Kilometer langen Waldetappe nach frischem Grün, heißem Sommer oder feuchtem Herbst. Der Weg ist partiell etwas sandig, doch in dieser herrlichen Umgebung ist ein kurzes Innehalten und tiefes Einatmen ohnehin eine sehr gute Idee. Beim kurzen Lauschen knackt das Unterholz gehörig – ob sich da wohl ein Reh versteckt? Der alte Kiefern-Zuchtwald ist schon fast nicht mehr zu erkennen. Mittlerweile hat sich hier ein gesunder Mischwald breit gemacht. Die alten Jägerhochstände wirken verlassen und ein bisschen gruselig, und ein kleiner Wall lädt zum kurzen Spaziergang ein.

Vom Waldweg kommend beim ersten Haus direkt links einbiegen und hinter den Gärten entlangfahren. In der Straße Fischerdorf in Alt-Friesack geht es geradeaus auf die alte Zugbrücke zu. Nun den Radweg-Schildern nach am Neuruppiner See entlang bis zur Seepromenade.

Shinrin Yoku nennen die Menschen in Japan den heilenden Aufenthalt im Wald

KM 42

6 Neuruppin Seepromenade
Herrlich spazieren

Schon von Weitem sind sie sichtbar: die beiden hohen, markanten Türme der Klosterkirche St. Trinitatis, Wahrzeichen Neuruppins und ein hübscher Anblick von der Seepromenade, die sich im großen Rundbogen um die Altstadt herumschlängelt. Am besten einfach vom Fahrrad absteigen und den Anblick bei einem Spaziergang genießen. Kurz vor der Fontane-Therme steht die Skulptur Parzivals am See, die den Neuanfang Neuruppins nach dem Ende der alten Garnisonsstadt symbolisiert. Das Fontane-Geburtshaus befindet sich am Markt und ist heute wie damals eine Apotheke (Karl-Marx-Straße 84). Nebenan lohnt ein Besuch in Polly's Eisdiele (www.pollyseisdiele.de).

Zum Markt von Parzival in die Fischbänkenstraße einbiegen, an der riesigen Pfarrkirche St. Marien links in die Karl-Marx-Straße. Hier rechts in die Friedrich-Ebert-Straße und mit einem kurzen Linksschlenker geradeaus in die Schäferstraße. Am Ende links, vorbei am Tempelgarten, dann rechts in die Präsidentenstraße, die zum Bahnhof führt.

EXTRA INFOS:

Im ● **Hofkultur-Laden** in Sommerfeld gibt es Blumen und Kaffee, Tee und Torte (hofkultur-sommerfeld.de).

Das ● **Café Kontor** (www.cafe-kontor.eu) bietet die leckersten Kuchen am Ruppiner See.

Leider hat das ● **Restaurant Schlossgut Schwante** am Backsteinhaus neben dem (privat genutzten) Schloss Schwante nur selten geöffnet, der Hof ist jedoch zauberhaft (schlossgut-schwante.de/restaurant).

Kurz vor dem Bahnhof Neuruppin West befindet sich der historische ● **Tempelgarten**, der vom Alten Fritz als junger Kronprinz angelegt wurde.

KM 44 » ZIEL
Bahnhof Neuruppin West

Ein Highlight zum Abschluss bildet die hübsche Seepromenad in Neuruppin

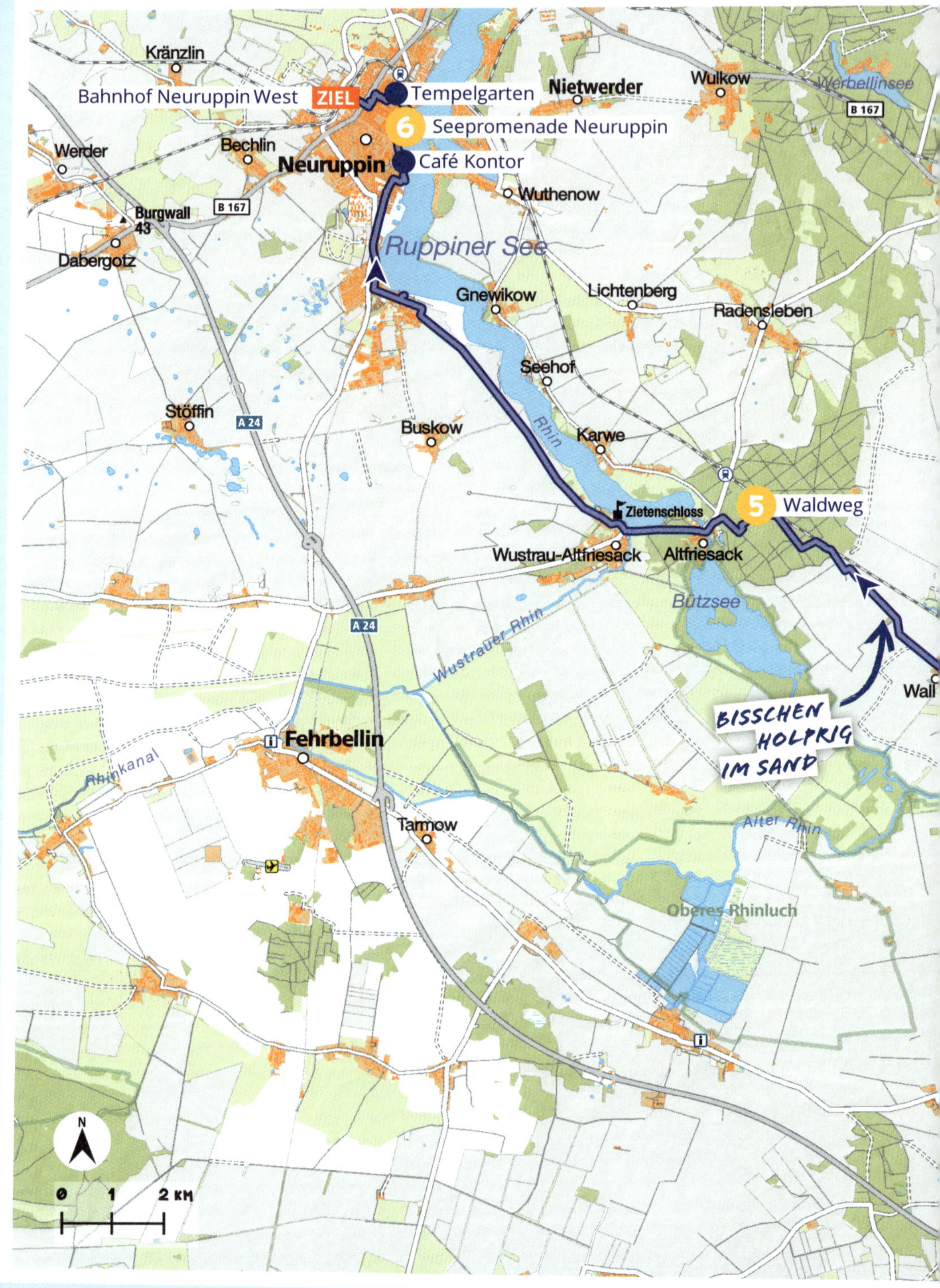
Kränzlin
Bahnhof Neuruppin West
ZIEL
Tempelgarten
Nietwerder
Wulkow
Werbellinsee
B 167
6
Seepromenade Neuruppin
Werder
Bechlin
Neuruppin
Café Kontor
Wuthenow
Burgwall
43
B 167
Dabergotz
Ruppiner See
Gnewikow
Lichtenberg
Radensleben
Seehof
Stöffin
A 24
Buskow
Rhin
Karwe
5
Waldweg
Zietenschloss
Wustrau-Altfriesack
Altfriesack
Bützsee
A 24
Wustrauer Rhin
Wall
BISSCHEN HOLPRIG IM SAND
Fehrbellin
Rhinkanal
Tarmow
Alter Rhin
Oberes Rhinluch
N
0
1
2 KM

AUF EINEN BLICK

- **Start:** Bahnhof Vehlefanz
- **Ziel:** Bahnhof Neuruppin West
- **Strecke/reine Radelzeit:** 44 km (Streckentour), 3 Std. 30
- **Höhenmeter:** ↗ 18 m, ↘ 19 m
- **Wegbeschaffenheit:** Größtenteils sehr gut asphaltiert, in den Orten häufiger Kopfsteinpflaster, eine sandige Waldstrecke.
- **Beste Zeit:** Garantiert sogar im Winter schön. Wer viele Einkehrmöglichkeiten nutzen möchte, kommt an einem Wochenendtag im Sommer.
- **Mitnehmen:** Kamera, um die schönen Orte festzuhalten; Navi, um den Weg durch den Wald zu finden.

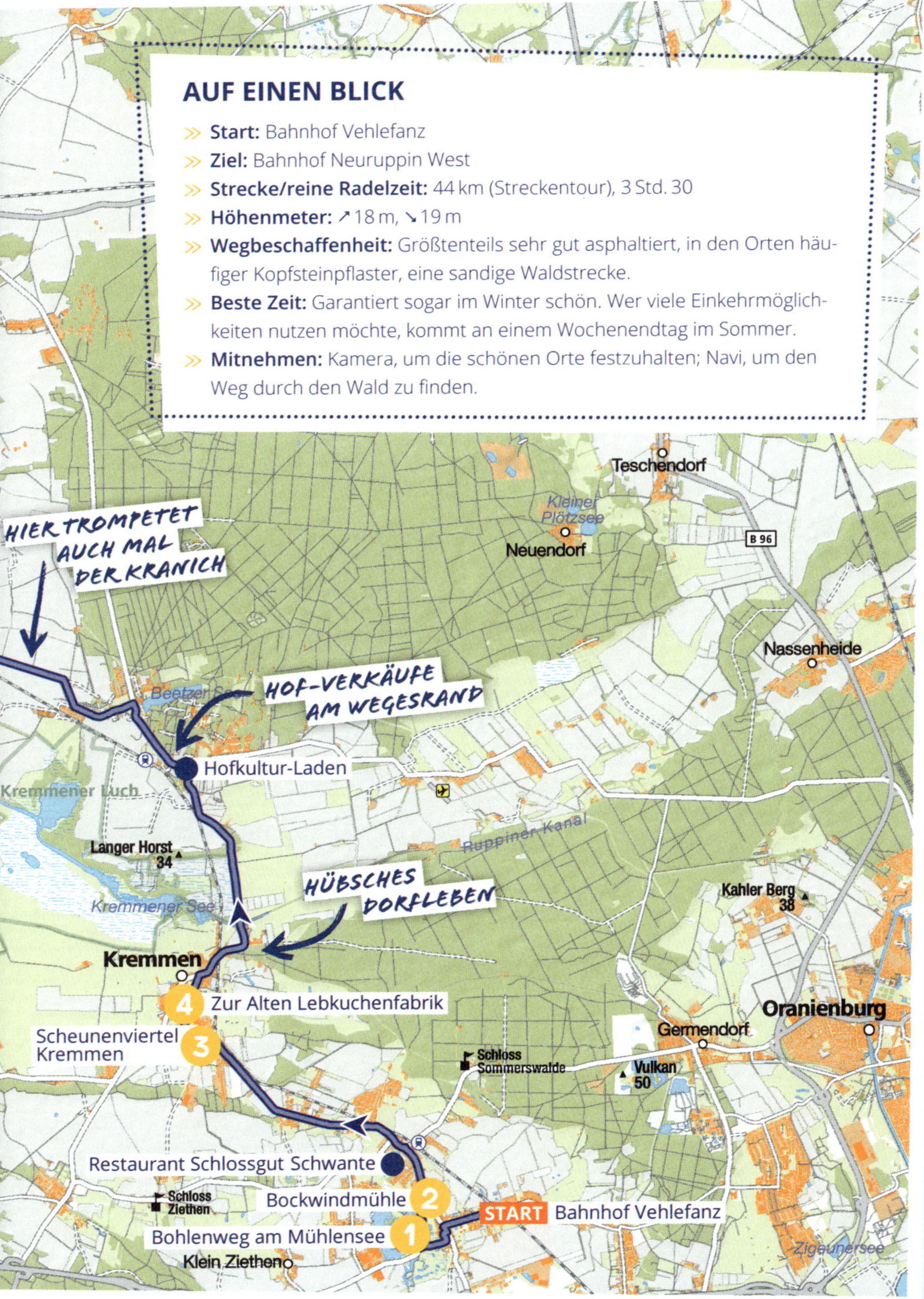

DIE RADELPAUSEN

»START
Bahnhof Rathenow

KM 2
1 Kirchplatz Rathenow
Zu den Anfängen gehen

KM 3
2 Optikpark Rathenow
Die Linse zurechtrücken

KM 16
3 Hohennauener See
Füße eintauchen

16 VON GLÄSERN UND BIRNEN

Auf dem Havelland-Radweg nach Ribbeck

Das schöne Havelland ist abwechslungsreich: Kultur, Natur, tolle Badeseen und natürlich die berühmteste Birne des Landes. Diese Tour kann gut zu einem Wochenendtrip ausgebaut werden, denn es gibt viel zu entdecken.

KM 32
4 Senzke
In Fachwerk schwelgen

KM 46
5 Frau Wesche's Waschhaus Café Ribbeck
Birnentorte galore

KM 50
6 Flugplatz Bienenfarm
In die Lüfte schauen

KM 54 » ZIEL
Bahnhof Paulinenaue

HERR VON RIBBECK AUF RIBBECK IM HAVELLAND, …

… ein Birnbaum in seinem Garten stand. Das bekannte Fontane-Gedicht wird in Ribbeck direkt neben dem Nachfolger des Birnbaums geehrt: In Frau Wesche's Waschhaus Café, in dem heute die leckersten Birnentorten kredenzt werden. Das Café wurde einst nicht ohne Grund vom Rundfunk Berlin-Brandenburg als ein kulinarisches Highlight Brandenburgs ausgezeichnet und krönt daher (fast) das Ende dieser abwechslungsreichen Havellandtour.

DER SCHÖNSTE MOMENT: WENN NACH DER RADTOUR DIE LECKERSTE BIRNENTORTE AUF DEM TELLER LIEGT

Der Havelland-Radweg darf sich seiner guten Beschaffenheit rühmen. Auf weiten Teilen rollt es sich herrlich entspannt durch charmante kleine Dörfer, entlang blühender Obstbäume und durch Felder, die im Frühling rapsgelb erstrahlen. Im Herbst hingegen leuchten Äpfel und Birnen von vollbehangenen Bäumen, im Sommer lädt der langgezogene Hohennauener See an mehreren Stellen zum Baden ein. Wer alle Stopps ausführlich erkunden möchte, plant besser gleich eine Zweitagestour. Für die Übernachtung gibt's ein schnuckeliges Höfchen am See, das über einen kleinen Umweg erreichbar ist.

Der Ausflug beginnt und endet erstaunlich: Im Optikpark kann man zwar auch Stunden verbringen, doch weil der Weg mit dem Fahrrad perfekt passt, lohnt auch ein kürzerer Halt. Mit Blumenmeeren, optischen Skurrilitäten und einer ganz besonderen Brücke erinnert der Park an die größte Errungenschaft der Stadt: die optische Industrie, die Rathenow viele Jahrzehnte geprägt hat. Zum Schluss klingt der Tag bei einer Apfelschorle im Biergarten aus, während alte Kleinflugzeuge ihre Flugkünste zeigen.

Der Seerundweg gleicht eher einem Trampelpfad, bietet aber tolle Ausblicke

Wer auf dieser Tour nichts verpassen möchte, sollte ein wenig im Voraus planen, denn Frau Wesche's Waschhaus Café Ribbeck, das Schloss Ribbeck und der Flugplatz Bienenfarm haben nicht täglich geöffnet. «

In den charmanten Dörfern des Havellandes finden sich häufig kleine Perlen wie diese schöne alte Dorfkirche

Der alte Pfarrgarten in Ribbeck wurde von der Gemeinde als Ort der Begegnung restauriert

Der Große Havelländische Hauptkanal wurde bereits vor 300 Jahren in nur sagenhaften 18 Monaten gebaut, um die sumpfige Region zu entwässern

RADELN & GENIEẞEN

Bahnhof Rathenow

Vom Dunkerplatz vor dem Bahnhof links über die Schopenhauerstraße und weiter geradeaus in Am Körgraben bis zur Großen Milower Straße fahren. Dort nach rechts bis zum Kreisverkehr und der Berliner Straße nach links folgen. Hinter dem Stadtkanal links in die Straße Freier Hof und durch die schmale Kleine Kirchstraße zum Kirchplatz.

Im Optikpark lohnt ein Spaziergang durchs Blumenmeer und die vielen optischen Spielereien

Der winzige Kirchplatz ist schnell umrundet. Hier lebte der berühmte Optiker Johann Dunker

1 Kirchplatz Rathenow

Zu den Anfängen gehen

Es sind nur wenige Gebäude, doch die übrig gebliebenen Fachwerkhäuser am schmalen Kirchplatz haben so viele Jahrhunderte auf dem Buckel, dass sie entsprechend krumm und schief dastehen – und das ist einen Blick wert. Einmal den Kirchplatz umrundet, findet man hier außerdem das Geburtshaus und die Werkstatt von Johann Dunker, genau dem Mann, der Rathenow so berühmt gemacht hat. Er erfand die Vielschleifmaschine für erschwingliche Brillengläser. Der ganze Platz wirkt wie aus der Zeit gefallen und ist absolut sehenswert.

Auf der Hauptstraße weiter über die Altstadtinsel. Nach der großen Brücke über der Rathenower Havel liegt links der Eingang zum Optikpark, wo kostenlos das Fahrrad eingeschlossen werden kann.

Besonderes Highlight im Optikpark: das riesige Brachymedial-Fernrohr

KM 3

2 Optikpark Rathenow
Die Linse zurechtrücken

Der Optikpark Rathenow (www.optikpark-rathenow.de) setzt dem wichtigsten Erbe der Stadt ein Denkmal: ein Park, der sich kreativ und sehr vielfältig mit dem Optikbegriff auseinandersetzt. Beim Schlendern kann allerlei Spannendes und Kurioses entdeckt werden, darunter Skulpturen, optische Täuschungen und Blumenpyramiden, die farblich geradezu explodieren. Unbedingt empfehlenswert ist eine Fahrt mit dem Floß auf dem kleinen Havel-Nebenarm, die Weinbergbrücke und das riesige Brachymedial-Fernrohr, ein Sternenfernrohr und technisches Denkmal.

Vom Optikpark zurückfahren und gegenüber dem Kirchplatz links in die Jederitzer Straße. An der Curlandstraße rechts und beim Kreisverkehr links in die Semliner Straße. Diese führt immer geradeaus zum Hohennauener See. An der Badestelle den Pfad nach rechts direkt am See entlang nehmen. Nach einem Kilometer geht es rechts über die Straße Seeblick zur Ferchesarer Straße. Hier links abbiegen. Nach einem Linksknick fährt man über den Semliner Weg wieder am Seeufer entlang.

KM 16

3 Hohennauener See
Füße eintauchen

Der Hohennauener See ist sehr unverbaut und naturbewachsen. An seiner Südseite finden sich mehrere herrliche Badestellen. Sind diese zu bevölkert, einfach weiterfahren – irgendwo entdeckt man sicherlich noch ein geeignetes Plätzchen. Hier lässt es sich wunderbar ins Wasser springen, oder man taucht nur die Füße ein. Natürlich kann man auch eine Runde am Ufer entlangwaten oder sich auf die Wiese legen und übers Wasser schauen.

Am Knotenpunkt 85 nach rechts in die Stechower Straße. Hier links in die Friedensstraße und dem Havelradweg bis nach Senzke folgen.

Einmal anbaden – oder wenigstens die Füße ins Wasser halten

In jeder Torte eine Birne: Frau Wesches Torten sind mittlerweile über die Landesgrenzen hinaus berühmt und begehrt

KM 46

5

Frau Wesche's Waschhaus Café Ribbeck

Birnentorte galore

In Frau Wesche's Waschhaus Café (www.waschhaus-ribbeck.de) werden zwischen romantischen Postkarten und Spitzendeckchen die schönsten Tortenkreationen Brandenburgs kredenzt – immer mit Birne, versteht sich. Tipp zum Durchkosten gefällig? Beim Anblick der vielen tollen Torten so lange herumjammern, dass man sich nicht entscheiden kann, bis die Wirtin vorschlägt, dünne Probehäppchen von mehreren Torten zu nehmen. Dazu unbedingt einen leckeren Kaffee bestellen, den es in verschiedenen Variationen gibt. Das Aufsatteln fällt dann hinterher schwerer als gedacht, also hängt man am besten einen Verdauungsspaziergang zu Birnbaum und Schloss gleich nebenan dran.

Weiter auf der Theodor-Fontane-Straße bis zur ausgeschilderten Bienenfarm.

KM 32

4

Senzke

In Fachwerk schwelgen

Die alte Dorfkirche von Senzke leuchtet schon von Weitem sichtbar in ungewöhnlichem Orange. Das Highlight des Ortes ist jedoch das Fintelmannhaus, ein auffallend rotes, niedriges Fachwerkgebäude. Wer sich für Geschichte interessiert, sollte dringend einen Blick hineinwerfen, denn das um 1710 erbaute Haus gehörte dem Hofgärtner Fintelmann, dessen Familie an der Gestaltung der Pfaueninsel sowie des Schlossparks von Charlottenburg beteiligt war. Die kurzweilige Ausstellung informiert über sein Wirken, und eventuell gibt es noch einen Kaffee im hübschen Hof.

Von Senzke geht es über den Luchweg nach Pessin. Hier den Havelradweg verlassen und direkt rechts entlang der B5 Hamburger Straße nach Ribbeck fahren. In Ribbeck an der Theodor-Fontane-Straße links. Hinter dem Schloss abbiegen und bis zur Kirche radeln.

Perfekt: der kurzweilige Kaffeestopp im historischen Fintelmannhaus

Wer zur besten Birnenzeit kommt, darf sogar eine Birne von Ribbecks Baum naschen

EXTRA INFOS:

Diese Tour kann auch als eine besonders schöne Zweitagestour mit einem Stopp am Hohennauener See im Ort Seeblick gemacht werden. Empfehlenswert ist die wunderbar restaurierte ● **Pension »Am Dorfanger«** (www.pension-am-dorfanger-hohennauen.de).

KM 54 » ZIEL

Bahnhof Paulinenaue

KM 50

6 Flugplatz Bienenfarm

In die Lüfte schauen

Wer ein Fan von historischen Flugzeugen ist, wird den Oldtimer-Flugplatz Bienenfarm lieben. An Sommerwochenenden kann im gemütlichen Biergarten den Starts und Landungen der alten Maschinen zugeschaut werden – irgendwas ist hier immer los. Mit etwas Glück oder guter Planung erwischt man einen Tag, an dem der Quax-Oldtimerverein die Pforten des Hangars für alle Interessierten öffnet. Dann können sogar Schnupperflüge unternommen werden. Termine stehen auf der Website (www.flugplatz-bienenfarm.de).

Weiter auf dem Weg entlang der Bienenfarm, die nächste links und am Hauptweg rechts. Nach vier Kilometern ist der Bahnhof erreicht.

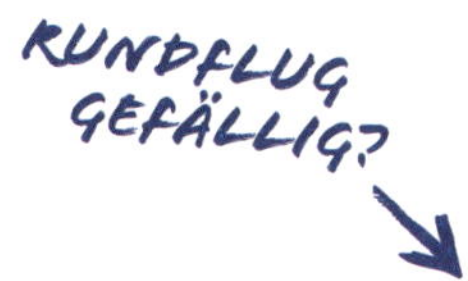

Von Focke-Wulf bis Cessna: Auf dem Flugplatz Bienenfarm fliegen die Oldtimer

Rhinow
Lüttchenberg 67
Steinberg 88
Bredowberg 76
Kleßen
Schloss Kleßen
Weinberg 66
Kleßener See
Rohrberg 50
Finkenberg 56
Kleßen-Görne
B 102
Görne
Görner See
Kossäthenberg 72
Witzker See
Lochower See
Seeblick
Untere Havel Nord
Rütscheberg 75
SCHRÄGSTER ORTSNAME
Trintsee
Pension »Am Dorfanger«
Semlin
Havel
Hohennauener See
Ferchesar
B 188
3 Hohennauener See
Kotzen
RIN' INNE PEDALE!
Hüttenberge 30
Eichberg 73
Göttlin
Riesenbruch
Fauler See
Stechow
Naturpark Westhavelland
LUFTIGER FELDWEG UNTER BÄUMEN
Nennhausen
Rathenow
Rauher Berg 42
Rollberge 90
Optikpark Rathenow
2
1
Kirchplatz
START Bahnhof Rathenow
Markgrafenberg 64
Gräninger See
Wolzensee
Untere Havel Süd
Bamme
Grosser Berg 82
N
Dachsberg 40
NSG
0
1
2 KM
Pritzerber Laake
Dachsberg 70

AUF EINEN BLICK

- **Start:** Rathenow Bahnhof
- **Ziel:** Bahnhof Paulinenaue
- **Strecke/reine Radelzeit:** 54 km (Streckentour), 4 Std.
- **Höhenmeter:** ↗ 30 m, ↘ 29 m
- **Wegbeschaffenheit:** Meistens asphaltierter Radweg, auf einem kurzen Weg sandiger Untergrund.
- **Beste Zeit:** Am Wochenende im Sommer, wenn Frau Wesche's Waschhaus Café und die Bienenfarm geöffnet haben.
- **Mitnehmen:** Badesachen für den Hohennauener See.

DIE RADELPAUSEN

» START
Bahnhof Trebbin

KM 8
1 Aussichtspunkt Fuchsberg
Erster Kaffee mit großartiger Aussicht

KM 11
2 Wildgehege Glauer Tal
Auf Hirschsafari

KM 13
3 Bohlensteg Blankensee
Vögel gucken

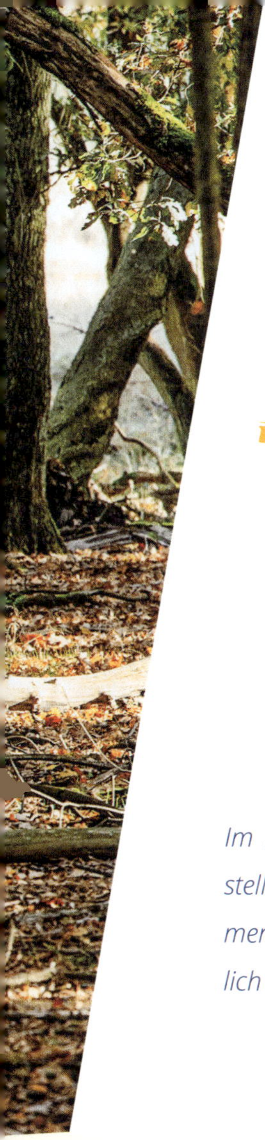

17 Auf tierischen Wegen

Von Trebbin nach Michendorf

Im Naturpark Nuthe-Nieplitz liegen die schönsten Tierbeobachtungsstellen. Ob wild oder gezähmt, ob Kranich oder Alpaka: Hier gibt es immer etwas zu sehen. Hübsche Dörfer und schöne Seen selbstverständlich inklusive.

KM 16
4 Vogelbeobachtungsturm Seechen
Noch mehr Vögel gucken

KM 25
5 Strand Kähnsdorf
Füße in den Sand stecken

KM 28
6 Fischerhof Seddin
Ein Fischbrötchen bitte!

KM 35 » ZIEL
Bahnhof Michendorf

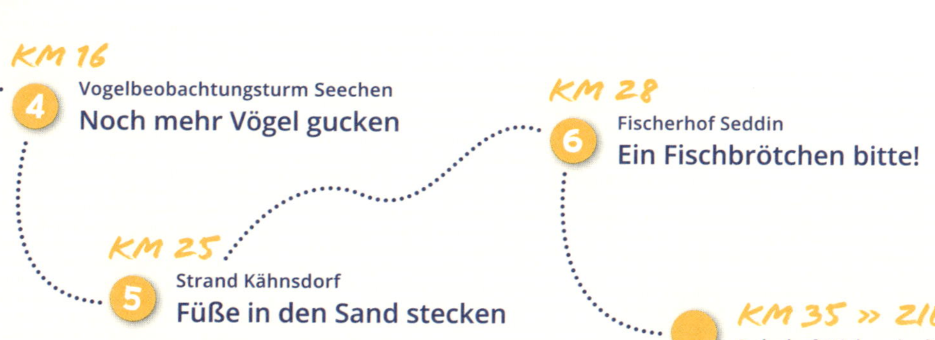

IM WILDEN NATURPARK NUTHE-NIEPLITZ …

… kommen nicht nur Tierliebende auf ihre Kosten, auf dieser Strecke geht es auch durch Wälder, in die Höhe und in typisch brandenburgisch-romantische Dörfer. Trebbin, Stücken und Blankenfelde verzaubern mit alten Höfen, Fachwerk, Gutshäusern und Backstein-Scheunen. Im Spätsommer und Herbst stehen vor manchen Häusern kleine Stände mit leckeren Gartenverkäufen für kleines Geld. Dort bekommt man gegen Zahlung in die Vertrauenskasse Quittenmus und Apfelgelee, Honig, eingelegte Kürbisse und hübsche Herbstblumensträuße.

Die Stars dieser Tour sind aber die Tiere. Im Wildgehege Glauer Tal flitzen Rehe vor die Linse und Hirsche schreiten majestätisch umher. Zur rechten Zeit hört man das Röhren im ganzen Tal, und das trotz der abhebenden Flugzeuge vom nahegelegenen Flughafen Berlin-Brandenburg. Am Wegesrand stehen Pferde, Rinder und Alpakas, es gackern Hühner, Hähne krähen, Schweine suhlen sich im Matsch – im Nuthetal geht es definitiv tierisch zu. Vogelfans kommen zudem nicht nur am schönen Blankensee auf ihre Kosten. Die Bruchwälder und Feuchtwiesen im Naturpark, dessen namensgebende Flüsse Nuthe und Nieplitz hier entspringen, sind die Heimat vieler Vogelarten wie Silberreiher, Kormoran, Schellente und Blässhuhn. Im Herbst rasten in der Gegend auch Tausende Kraniche und Gänse, und das typische Tröten der Kraniche begleitet einen dann den ganzen Tag.

DER SCHÖNSTE MOMENT: WENN DER HIRSCH VOR DER LINSE NOCH NICHTS GEWITTERT HAT

Das Wildgehege öffnet die Pforten erst gegen zehn Uhr. Die Hirsche, angebliche Frühaufsteher, halten sich aber nicht ans Klischee und röhren auch um elf Uhr vormittags – Brandenburger eben, die mögen's einfach gemütlicher. Wer dennoch unbedingt frühmorgens am Blankensee stehen möchte, kann auch zuerst durchstarten und das Wildgehege anschließend besuchen, die beiden Punkte liegen nur zwei Kilometer voneinander entfernt.

Viele tolle kleine Gaststätten bieten sich zur Einkehr an, meist jedoch nur am Wochenende, und manchmal ist auch da der Personalmangel groß. Also heißt es zugreifen, wenn mal wieder ein Schild »Leckere Waffeln« am Wegesrand steht. Zum Abschluss gibt's auf jeden Fall noch ein oder zwei leckere Fischbrötchen an einem der schönsten Seen Brandenburgs. «

Stocksteif steht der Graureiher häufig unbemerkt an der Uferzone

Besonders im Herbst lockt diese Tour mit tollen Tiersichtungen wie diesen Kranichen

Das zauberhafte Bauernmuseum Blankensee lädt zum Blick in das Leben vor 200 Jahren ein - und zum kleinen Imbiss

RADELN & GENIEßEN

Bahnhof Trebbin

Vor dem Bahnhof links, dann rechts in die Bahnhofstraße einbiegen. An der Berliner Straße rechts und den Fahrradschildern folgen. Auf der Löwendorfer Chaussee den Abzweig Glauer Weg nehmen. Nach insgesamt 6,6 Kilometern rechts in die Glauer Bergstraße, links in die Birkenstraße und rechts in die steile Gasse Zur Sonne. Ab hier so weit fahren wie möglich, eventuell ist Schieben erforderlich. Dem Sandweg 600 Meter nach Osten folgen und rechts halten.

Wer sich im Wildgehege etwas Zeit nimmt, wird garantiert vielen Hirschen und Rehen begegnen

Aussichtspunkt Fuchsberg

Erster Kaffee mit großartiger Aussicht

Diesen Ausblick sollte man keinesfalls verpassen, auch wenn er etwas erarbeitet werden muss! An schönen Tagen reicht die Sicht viele Kilometer weit über die Dörfer, Felder und Wälder des Naturparks Nuthe-Nieplitz. Am großen Gipfelkreuz gibt es einen kleinen überdachten Rastplatz, an dem man herrlich den zweiten Kaffee des Tages genießen kann oder vielleicht sogar gleich ein ganzes Picknick veranstaltet, denn hier lässt es sich zweifellos länger aushalten.

Zurück zur Straße Zur Sonne und weiter geradeaus die Straße Am Glauer Hof nehmen. Die Straße Zur Friedensstadt führt zur Glauer Dorfstraße, dort rechts abbiegen. Links liegt nun das Naturparkzentrum, in dem man für wenige Euros die Eintrittsmarke für das Wildgehege bekommt. Direkt vor dem Eingang kann das Fahrrad angeschlossen werden. In den Park darf man es nicht mitnehmen.

Beste Aussicht und Zeit für den ersten Kaffee aus der Thermoskanne

Besonders schön: der Blankensee im Morgennebel

KM 11

2 Wildgehege Glauer Tal
Auf Hirschsafari

Mit Glück sind bereits vor dem Parkeingang (www.naturpark-nuthe-nieplitz.de) links Hirsche durch den Zaun zu sehen, besonders im Herbst, wenn leckere Eicheln auf dem Boden liegen. Wenigstens eine kurze Runde durch den Park ist unbedingt zu empfehlen, denn Rot- und Damwild ist fast immer in Sichtweite. Wichtigstes Gebot hierbei: Leise sein! Im Park geht man am besten Richtung Tränke und schaut dabei links ins Tal, wo sich meistens einige Hirsche und Rehe aufhalten. Anschließend unbedingt die Aussicht vom alten Kommandoturm genießen. Im Innern befindet sich eine kleine, sehenswerte Ausstellung, von oben hat man einen tollen Blick über das Gelände mit kostenfreiem Fernglas. Im Herbst hört man das tiefe Röhren der Hirschbrunft übers ganze Tal. Fast könnte man meinen, ein Löwe käme gleich um die Ecke.

Vor dem Eingang des Wildgeheges den Weg nach rechts nehmen. An der Straße Mühlenberg links und am Ruhemannweg rechts. Genau geradeaus kommt man zum Bohlensteg. Hier besser absteigen.

KM 13

3 Bohlensteg Blankensee
Vögel gucken

Psssst! Selbst die Kitakinder sind leise, wenn sie einmal wieder den Bohlensteg am Blankensee (www.blankensee.eu) besuchen, denn die schreckhaften Vögel sollen weder gestört noch verscheucht werden. Dies ist einer der schönsten Vogelbeobachtungsplätze in ganz Brandenburg. Deshalb treiben sich hier auch meist zur Morgenstunde Leute mit Kameras samt mächtigen Teleobjektiven herum. Wer es nicht zum Sonnenaufgang schafft, wird trotzdem mit einer tollen Aussicht über den See belohnt. Enten, Haubentaucher, Kormorane und Graureiher sind den ganzen Tag über zu sehen, und im Herbst drehen Kraniche ihre Runden.

Auf dem Ruhemannweg nach rechts. Nach Überquerung der Nieplitz liegt rechts die Fischerei Blankensee und das hübsche Bauernmuseum mit Imbiss. Weiter geradeaus führt der Weg zum Seechen. Der Beobachtungsturm ist ausgeschildert.

Sobald die Sonne erwacht, machen sich auch die Vögel auf den Weg

KM 16

4 Vogelbeobachtungsturm Seechen
Noch mehr Vögel gucken

Vom Turm ist zwar kein Blick auf den See möglich, auf den Wiesen tummeln sich jedoch je nach Jahres- und Tageszeit verschiedene Vögel, um sich auszuruhen oder Nahrung zu suchen. Manchmal stehen gar die Kraniche ganz nah oder eine Schar Wildgänse schnattert vor sich hin. Wer kein Glück mit Sichtungen hat: Der Turm bietet so oder so einen schönen Rastplatz. Anschließend kann man noch einen Abstecher zur ausgeschilderten falschen Ruine machen, um die sich einige Mythen ranken und die vielleicht die Kulisse für einen DDR-Märchenfilm war.

Wieder zurück zur Blankenseer Dorfstraße und links einbiegen. Immer der Straße folgen und die schönen Häuser bewundern. In Stücken in die Zauchwitzer Straße einbiegen, der Straße nach Fresdorf folgen und den letzten recht holprigen Kilometer über die Kähnsdorfer Straße nach Kähnsdorf fahren. Am Parkplatz geht es rechts zum Strand.

Ein frisches Fischbrötchen gibt's beim alteingesessenen Fischerhof Seddin

Vom Vogel-Beobachtungsturm Seechen schweift der Blick über weite Felder, auf denen sich mit etwas Glück Gänse und Kraniche satt fressen

KM 25

5 Strand Kähnsdorf
Füße in den Sand stecken

Der Seddiner See ist nicht nur ein tolles Gewässer und die im Sommer geöffnete Strandbude mit Imbiss sehr beliebt, der feine Sandstrand gibt nebenbei auch noch das reinste Urlaubsgefühl. Das Ufer ist breiter geworden, denn der See verliert aufgrund der Trockenheit sehr viel Wasser. Gerade dieser Umstand lässt die umgebenden Gemeinden ihn umso mehr hegen und pflegen – und das merkt man. Liebevoll wurden Uferbereiche für Flora und Fauna mit Naturzäunen geschützt und Informationsschilder aufgestellt. Selbst außerhalb der Saison ist der Strand perfekt sauber und frei von Müll, und der Seddiner See klar wie eh und je.

Geradeaus in die Seddiner Straße biegen, am Findlingsgarten vorbei bis zum ausgeschilderten Fischerhof.

KM 28

6

Fischerhof Seddin
Ein Fischbrötchen bitte!

Den großen Fischerhof am Seddiner See (seddinersee.com) kann man regelmäßig im RBB-Fernsehen bewundern. Der alteingesessene Fischer macht hier alles selbst und gibt gerne Auskunft über seinen Fang und die noch vorhandenen Fischmöglichkeiten. Räucherforelle, Rotbarsch, Aal, Butterfisch, Bückling, Makrele – die Auswahl ist riesig. Wer sich bereits vorher satt gegessen hat, kann auch einfach Fisch nach Hause mitnehmen und später an die schöne Tour zurückdenken. Es gibt ein paar Stehtische sowie nebendran eine Wasserstelle mit Bank, sodass man sein Brötchen gleich mit Blick auf den See genießen kann.

Auf der Hauptstraße weiter geradeaus und an der B2 rechts dem Fahrradweg folgen. Wer sein Rad tragen kann, biegt an der Kunersdorfer Straße links ein, fährt immer geradeaus und nimmt am nicht-barrierefreien Bahnhof Seddin einen Zug. Für alle anderen führt der zumindest sehr gute Weg an der lauten Straße immer geradeaus. Vor der A10-Überquerung links über die Ampel, rechts die A10 überqueren und dahinter links abbiegen. Auf der Potsdamer Straße bis zum Bahnhof Michendorf fahren.

EXTRA INFOS:

Der ● **Fliederhof** in Stücken ist eine der besten Einkehrmöglichkeiten der Gegend (fliederhof-syring.de).

Der hübsche Dorfanger in Fresdorf sieht noch aus wie aus dem vorletzten Jahrhundert. In der alten Schmiede ist heute das Gasthaus ● **Weinschmiede** untergebracht (www.weinschmiede-fresdorf.de).

Schön ist auch ein kurzer Abstecher zum ● **Schloss Blankensee** mit romantischer Parkanlage (tagen-und-feiern.schloss-blankensee.com). Direkt um die Ecke liegt das bezaubernde Bauernmuseum mit kurzweiliger Ausstellung und empfehlenswerter, regionaler Küche (bauernmuseum-blankensee.de).

Im ● **Findlingsgarten** am Seddiner See kann man sich zwischen Findlingen, Informationstafeln und Skulpturen die Beine vertreten (www.findlinge-seddin.de).

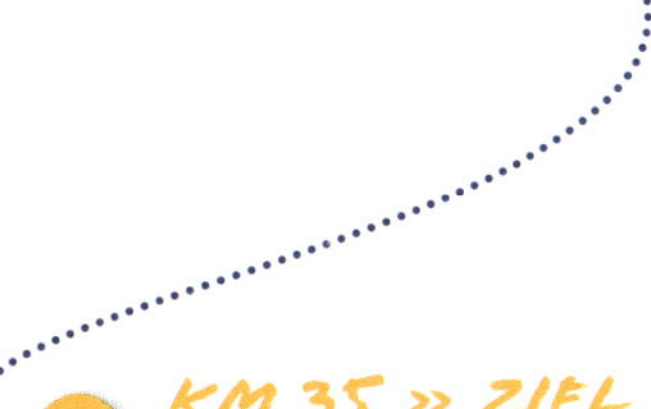

Jährlich schrumpft der Seddiner See, Mittelpunkt und geliebtes Sorgenkind der Region.

KM 35 » ZIEL

Bahnhof Michendorf

Michendorf
ZIEL Bahnhof Michendorf
Langerwisch
Weinberg 64
Lienewitz-Caputher Seen- und Feuchtgebietskette
Großer Lienewitzsee
A 115
B 2
A 10
BISSCHEN LAUT AN DER STRASSE
Michendorfer Berg 78
Neuseddin
Wildenbruch
HIER WIRD'S ETWAS HOLPRIG
Lehnmarke
Großer Seddiner See
Seddiner See
Kleiner Seddiner See
Krugberg 74
Fresdorf
Mühlenberg 60
Strand Kähnsdorf
5
Fischerhof Seddin
6
Kähnsdorf
Rauher Berg
Weinschmiede Fresdorf
Findlingsgarten
Seddin
Teufelssee
Stertberg 62
B 2
Bibernallenberge 52
Katzwinkel
Fichtenberg 67
Hoher Berg 63
Stücken
Fliederhof
Große Kiesgrube
Schlunkendorf
Küsters Busch
Beelitz
BUTTERWEICHE RADEL-STRECKE DURCH DIE FELDER
B 246
Kiebitzberg 51
Königsgraben
Breiter Berg 52
Nieplitz
Schönefeld
Körzin
Zauchwitz
Krähenberg 37
N
0
1
2 KM

AUF EINEN BLICK

- **Start:** Bahnhof Trebbin
- **Ziel:** Bahnhof Michendorf
- **Strecke/reine Radelzeit:** 35 km (Streckentour), 3 Std. 30
- **Höhenmeter:** ↗59 m, ↘52 m
- **Wegbeschaffenheit:** Asphaltierter Weg sowie viel Waldboden, teils mit Kies und Sand, in den Dörfern Kopfsteinpflaster. Das Fahrrad muss manchmal geschoben oder abgestellt werden.
- **Beste Zeit:** Im Herbst röhren die Hirsche, und es sind mehr Vögel zu sehen, im Sommer toll wegen der schönsten Badestelle in Kähnsdorf. Besser am Wochenende, da die Einkehrmöglichkeiten unter der Woche begrenzt sind.
- **Mitnehmen:** Fernglas oder gutes Kamera-Teleobjektiv für Tiersichtungen. Bargeld und Tasche für Vorgarten-Verkäufe. Tee/Kaffee für diverse Rastmöglichkeiten.

DIE RADELPAUSEN

» START
Bahnhof Luckenwalde

KM 1
1 Stadtkern Luckenwalde
Auf den Spuren der Mönche

KM 4
2 Wohnsiedlung Auf dem Sande
Schlendern in der alten Gartenstadt

KM 5
3 Alte Hutfabrik
Kurzer Lost-Place-Abstecher

18 DENK-WÜRDIGE GEMÄUER

Auf der Fläming Skate von Luckenwalde nach Jüterbog

Ein schneller Landausflug auf perfektem Untergrund, nicht zu lang, mit vielen historischen Sehenswürdigkeiten? Im Fläming, der Region der Burgen und Schlösser, liegt man damit meistens richtig. Wenn man sich dann noch eine Strecke auf der gut ausgebauten Fläming Skate aussucht, steht ein herrlicher Tag bevor.

UNTERWEGS IM FLÄMING

Die eiszeitlich geformte Landschaft des Flämings kann perfekt auf der Fläming Skate (www.flaeming-skate.de) entdeckt werden, einer hervorragend ausgebauten Skate- und Fahrradstrecke, die aus acht Rundkursen durch den lieblichen Fläming südlich von Berlin besteht.

DER SCHÖNSTE MOMENT: WENN DIE WUNDERBARE BACKSTEINGOTIK VOM KLOSTER ZINNA AM WEG AUFTAUCHT

Eine der schönsten und kurzweiligsten Routen liegt auf dem Rundkurs 1 zwischen Luckenwalde und Jüterbog. Dies sind zwei der ältesten Siedlungen der Mark Brandenburg mit beeindruckenden historischen Gebäuden, in denen bereits im Mittelalter reger Handel betrieben wurde. Inzwischen erstrahlen die Stadtkerne vollständig saniert in neuem Glanz. Besonders das Zentrum von Jüterbog sowie das in der Nähe liegende Kloster Zinna mit seinen aus dem 12. Jahrhundert stammenden markanten Backsteinfronten lohnen ausgiebigere Stopps.

Doch nicht nur die vielen historischen Gebäude stehen snackable am Wegesrand bereit. Hin und wieder kann an Pflaumen-, Birnen- und Apfelbäumen genascht werden, wenn die leckeren Früchte denn schon reif sind, und wie in Brandenburg üblich, passiert man immer wieder kleine private Verkaufsstände.

Ganz sicher kommt zwischendurch ein kleiner Geschwindigkeitsrausch auf, zu sehr lockt der gute Untergrund dazu, die Pedale einmal richtig durchzutreten.

Holunder besser nur ernten, wenn alle Beeren rotschwarz gereift sind.

Unterwegs geht es durch für Brandenburg typische Kiefern- und Fichtenwälder, Felder und Mischwälder, an vielen Pferdekoppeln sowie Streuobstwiesen vorbei und durch kleine hübsche Ortschaften. Für eine Einkehr locken unzählige schöne Cafés und eines der besten Restaurants Brandenburgs.

Die Orientierung ist kinderleicht, denn die Strecken sind gut beschildert, und wer mag, fährt am Ende einfach weiter. «

Perfekte Fahrradwege auf den Rundkursen der Fläming Skate

Typisch brandenburgisch: die Kiefern-Forstwirtschaft. Die Monokulturen sollen nach und nach durch Mischwälder ersetzt werden

Im Frühsommer erblühen die herrlichen Mohnblumenfelder

RADELN & GENIEẞEN

Bahnhof Luckenwalde

Vor dem Bahnhof links in die Bahnhofstraße und bis zur Poststraße fahren. Rechts einbiegen und immer geradeaus.

KM 1

1 Stadtkern Luckenwalde

Auf den Spuren der Mönche

Ende des 13. Jahrhunderts kamen die Zisterziensermönche des Kloster Zinna in den Besitz von Luckenwalde, was der Stadt einiges an Einkommen bescherte. Der frühgotische Marktturm wurde aufgestockt und diente fortan als Glockenturm der ebenfalls erweiterten St.-Johannis-Kirche. Nach einer Umrundung und Besichtigung lohnt ein Schlenker durch die Gärten in der Straße Am Röthegraben. Dafür die gemütliche Breite Straße mit Läden, Café und Restaurants nach Süden fahren. Am Ende links in die Parkstraße biegen, nach 100 Metern rechts in die Straße Am Nuthefließ und nach wenigen Metern scharf links in den Weg zwischen zauberhaften Kleingärten biegen. Hier wurde eine grüne Oase geschaffen, die wirklich sehenswert ist.

Geradeaus den Stadtpark entlang, in einer Rechtskurve zu den Gärten an der Pferdebucht bis zur Straße Zum Freibad. Rechts einbiegen, immer geradeaus und am Ende links in die Jüterboger Straße. Nach 500 Metern rechts in die Alex-Sailer-Straße und noch einmal rechts in die Straße Auf dem Sande.

Das alte Elektrizitätswerk wird heute als Kunst- und Kreativzentrum genutzt

KM 4

2 Wohnsiedlung Auf dem Sande
Schlendern in der alten Gartenstadt

Schöner Wohnen im Stil der 1920er-Jahre: Dies war eines der größten Wohnsiedlungsprojekte der Arbeiterstadt Luckenwalde während der Weimarer Republik. Ziel war es, zeitgemäßen Wohnraum zu schaffen und unterschiedliche Bevölkerungsschichten innerhalb der Siedlung unterzubringen. Die Reihen- und Zweifamilienhäuser sind – typisch für eine Gartenstadt – alle etwas unterschiedlich und ergeben doch ein schönes stimmiges Gesamtbild mit jeweils kleinen pittoresken Bauerngärten zur teilweisen Selbstversorgung. Wer am Ende des kleinen Wohngebietes links in die Rudolph-Breitscheidt-Straße einbiegt, kann noch die schönen Backsteingebäude des ehemaligen Stadtbades und E-Werks, heute Kreativort, besichtigen.

Zurück geht's über den Schieferling und nach rechts in die Industriestraße.

Schräg, schräger, Kunst: das skurrile Bauwerk der alten Hutfabrik von Erich Mendelsohn

KM 5

3 Alte Hutfabrik
Kurzer Lost-Place-Abstecher

Das skurrile Gebäude der alten Hutfabrik in der Industriestraße ist nicht zu übersehen. Häufig steht das Tor offen – falls nicht, ist der kurze Schlenker dennoch einen Abstecher wert, denn man kann auch so einen guten Blick auf die außergewöhnliche, von 1921 bis 1923 betriebene Fabrik erhaschen, die nach den Entwürfen des berühmten Architekten Erich Mendelsohn erbaut wurde. Was die Zukunft für sie bringt, ist allerdings leider derzeit ungewiss. Deshalb besser schnell noch ein paar schöne Fotos davon schießen.

Links in die Dr.-Georg-Schaeffler-Straße, am Ende links in den Dämmchenweg und geradeaus auf den Teichwiesenweg. Bei Kilometer sechs trifft man nun auf den Fläming Skate und folgt dem RK1 Richtung Jüterbog elf Kilometer. Sollte der Weg einmal unklar sein, einfach immer dem grünen Rad nach. Über Kolzeburg und Neuhof erreicht man nach 17 Kilometern Werder.

Backsteingotik und altes Fachwerk im kleinen Stadtkern Luckenwaldes

KM 17

4 Landgasthof Jüterbog
Lecker schlemmen

Nicht nur für Pferdefreunde eine gute Idee: Der sanierte historische Vierseithof bezaubert mit einem schönen Garten und einem fantastischen Restaurant, und das ist nicht untertrieben. Besser vorab reservieren (www.landgasthof-jueterbog.de), sicher ist sicher. Nach einer Runde Pferde gucken geht's an den Tisch im schönen Hof mit Teich und Blick auf die Rückseite der alten Backsteinkirche des Ortes. Regionale Zutaten sind eine Selbstverständlichkeit, die Küche ist gehoben, und man hat die Qual der Wahl zwischen Risotto, Schnitzel und Lachs-Flammkuchen mit verschiedenen Kräutern, Salaten und Blüten. Wer möchte, kann für einen weiteren Besuch unter anderem einen Grillkurs oder auch einen veganen Kochkurs buchen.

Zwei Kilometer bis zur Berliner Straße fahren und hier rechts einbiegen.

Lukullische Genüsse im Landgasthof: Da radelt es sich gleich viel besser

KM 20

5 Kloster Zinna
Verdauungsspaziergang mit Klosterbruder

Das Museum im sagenhafte 850 Jahre alten Kloster Zinna (www.kloster-zinna.com) ist sehr kurzweilig, also schnell mal hineinschauen. Die Zisterziensermönche waren die Ersten, die sich mit Medizin gut auskannten und im Siechenhaus Kranke pflegten. Aus der guten Medizin entstand vermutlich »rein zufällig« der Zinnaer Klosterbruder, ein Kräuterschnaps, der heute wieder im Kloster hergestellt und verkauft wird. Während der Ausstellung hat man daher den Kräuterduft intensiv in der Nase, und nach dem Besuch kann der Schnaps auch probiert werden. Anschließend ist noch Zeit für einen Spaziergang durch das Gelände und einen Blick in die Klosterkirche. Auch ein Besuch im Webermuseum mit Café ist sehr zu empfehlen. Hier gibt es neben leckeren Torten auch den regionaltypischen Klemmkuchen. Direkt hinter dem Kloster liegt außerdem das hübsche Schloss Zinna.

Zurück auf der Berliner Straße geht es nun immer geradeaus nach Jüterbog. Der Radweg führt auf die Luckenwalder Straße und die Straße Zinnaer Vorstadt zum Zinnaer Tor, einem Teil der ehemaligen Stadtmauer Jüterbogs, die im 14. Jahrhundert erbaut wurde.

Einmal Kräuterduft schnuppern in den uralten Gemäuern des Kloster Zinna

6 Jüterbog

Aus dem Staunen nicht herauskommen

Riesige Kirchen, Klöster und Stadttore zeugen von der großen Bedeutung der Garnisonsstadt Jüterbog (www.jueterbog.eu) bereits im Mittelalter. Auch während der DDR-Zeit war die größte Sowjet-Garnison hier stationiert, viele ehemalige Militärgebäude befinden sich in unmittelbarer Umgebung. Vom Zinnaer Tor geradeaus erblickt man den fast schon unverschämt pompösen Doppelturm St. Nikolais. Mutige können einen Aufstieg wagen und einen herrlichen Blick über die Region genießen. Nach Westen erreicht man das besterhaltene Mittelalterrathaus in ganz Brandenburg, und im ausgeschilderten Kulturquartier Mönchskloster kann eine Bibliothek bestaunt werden, die ein bisschen aussieht wie aus einem Harry-Potter-Film.

Zurück zum Rathaus, auf der Mönchenstraße nach Westen, anschließend nach rechts Am Dammtor entlang, welches das andere Ende der Stadtbefestigung markiert. Über die Schlossstraße geht es direkt zum Bahnhof.

EXTRA INFOS:

In ● **Elissas Eismanufaktur** in Luckenwalde (www.elissas-eismanufaktur.de) kann man sich schon eine erste Pause gönnen. Das Eis ist sehr lecker, vor Ort handgemacht, und es gibt eine große Auswahl an Sorten sowie verschiedenen Waffeln.

Auch im Café ● **Die Förste** (www.diefoerste.de) direkt neben dem Rathaus in Jüterbog (Stopp 6) kann man herrlich schlemmen.

Der **Landgasthof Jüterbog** (Stopp 4) verfügt über hübsche größere und kleinere Zimmer – perfekt, um den Ausflug um ein oder zwei Tage zu verlängern.

KM 29 » ZIEL

Bahnhof Jüterborg

Der Ortskern Jüterbogs hält so manche Überraschung bereit, zum Beispiel das riesige Rathaus aus dem Mittelalter in Backsteingotik

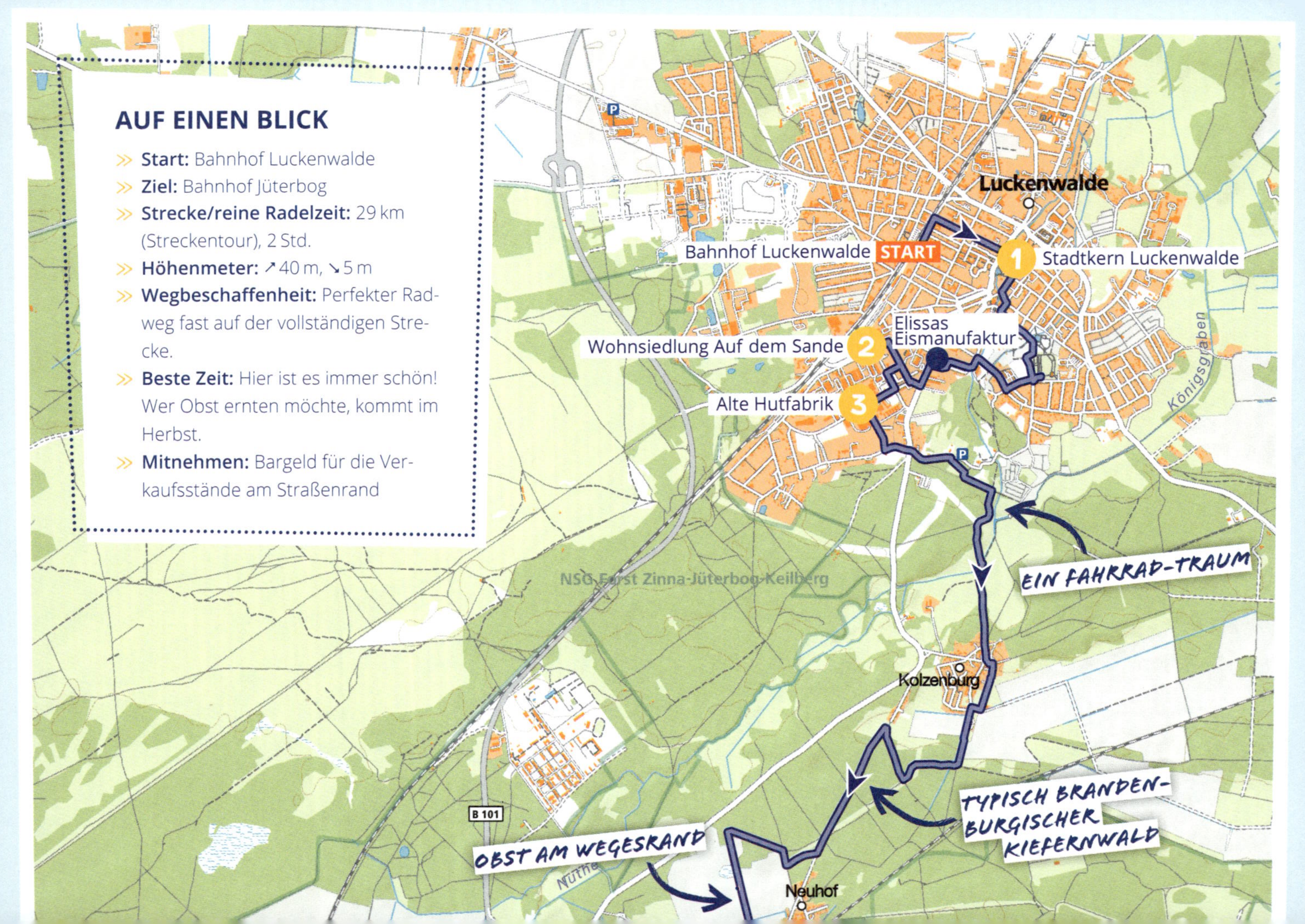

AUF EINEN BLICK

- **Start:** Bahnhof Luckenwalde
- **Ziel:** Bahnhof Jüterbog
- **Strecke/reine Radelzeit:** 29 km (Streckentour), 2 Std.
- **Höhenmeter:** ↗40 m, ↘5 m
- **Wegbeschaffenheit:** Perfekter Radweg fast auf der vollständigen Strecke.
- **Beste Zeit:** Hier ist es immer schön! Wer Obst ernten möchte, kommt im Herbst.
- **Mitnehmen:** Bargeld für die Verkaufsstände am Straßenrand

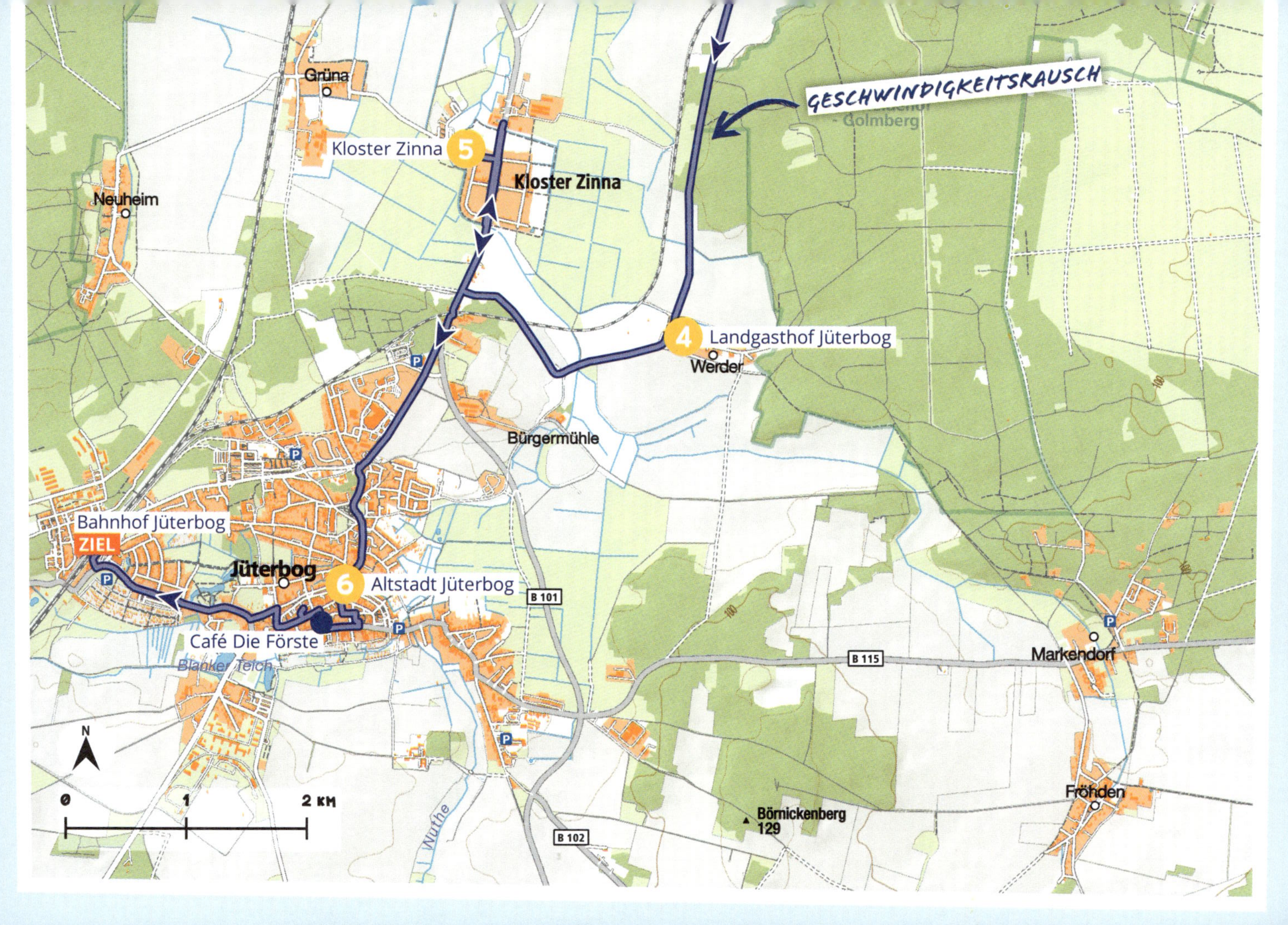
GESCHWINDIGKEITSRAUSCH
Golmberg
Grüna
Kloster Zinna
5
Kloster Zinna
Neuheim
4
Landgasthof Jüterbog
Werder
Bürgermühle
Bahnhof Jüterbog
ZIEL
Jüterbog
6
Altstadt Jüterbog
B 101
Café Die Förste
Blanker Teich
B 115
Markendorf
N
0
1
2 KM
Nuthe
B 102
Börnickenberg
129
Fröhden
100

DIE RADELPAUSEN

>> START
Bahnhof Zossen

KM 1
1
Schlosspark Zossen
In alte Geschichten schauen

KM 4
2
Spitzbunker
Gruseln und Staunen

KM 5
3
Haus Oskar
Zwischen Bunkern in Büchern schmökern

19 LEBENDIGE LOST PLACES

Rund um Wünsdorf

Brandenburg kann Lost Places, das wissen viele, denn das Bundesland hat einige dieser Plätze touristisch erschlossen und berühmt gemacht. Auf dieser Tour geht es zu unbekannteren Schätzen, die nicht minder beeindruckend und frei zugänglich sind.

KM 10

4 Wünsdorf Waldstadt
Durch den Zaun in die verbotene Stadt luschern

KM 19

5 Bahnhof Rehagen
DDR-Charme auf verlassenem Bahnhof

KM 30

6 Gasthof Reuner
Regional schlemmen

KM 31 » ZIEL
Bahnhof Dabendorf

EINE VERBOTENE STADT

Zwischen riesigen Spitzbunkern leben die Leute heute in Wünsdorf Waldstadt, der ehemals verbotenen Stadt, die während der DDR die größte sowjetische Militärsiedlung war. Was wie ein Science-Fiction-Roman klingt, ist wahr und sieht dermaßen surreal aus, dass man sich fragt, ob man gerade träumt.

Erstaunlich ist es allemal, dass Wünsdorf von Lost-Place-Fans meist nur mit den Wohnungen der Sowjet-Soldaten, dem Haus der Offiziere und dem Kinosaal in Verbindung gebracht wird. Vielleicht liegt das an den angebotenen Führungen, die stets den südlichen Teil der Stadt abgrasen. Dieser ist aus Sicherheitsgründen abgesperrt, und von der Straße sieht man von den Kasernen und Häusern eher wenig. Wer eine Führung machen möchte, sollte sich vorab erkundigen und online buchen.

DER SCHÖNSTE MOMENT: WENN DER ERSTE ERSTAUNLICH RIESIGE SPITZBUNKER VOR EINEM STEHT

Hingegen ist der Ortsteil weiter im Norden mit unzähligen Bunkeranlagen aus der Zeit des Nationalsozialismus öffentlich zugänglich – bis auf die Bunkeranlagen selbst. Auch ohne Führung kommt man hier voll auf seine Kosten, denn das Schrägste gibt es gratis und überirdisch zu bestaunen: Die sieben erhaltenen Spitzbunker, ab 1938 erbaut, erheben sich mitten im Wohngebiet, teils direkt vor den Balkonen der Häuser. Und auch sonst ist viel Spannendes zu sehen, also unbedingt genügend Zeit einplanen! Wer mag, kann anschließend mit den Einheimischen im Strandbad Wünsdorf schwimmen gehen.

So manches verlassene Gebäude wird auf dem Weg Richtung Klausdorf passiert, wo früher Ziegeleien und Kalkbrennereien standen. Im Wald sind noch heute deren Überreste zu finden.

Diese Tour muss allerdings etwas erarbeitet werden, denn die besten Lost Places liegen manchmal an recht vielbefahrenen Straßen – immerhin mit gutem Radweg. Also heißt es, in die Pedale zu treten und dann durch spannende Areale zu flanieren oder sich an schönen Spots auszuruhen. Davon gibt es rund um Zossen reichlich. Auf dem letzten Teil wird's entlang einer fast stillgelegten Bahnstrecke ruhiger, vielleicht kommen dort auch mal jauchzende Menschen auf Draisinen vorbei, denen man zuwinken kann. Ganz sicher die skurrilste Tour dieses Buches – viel Spaß beim Entdecken! «

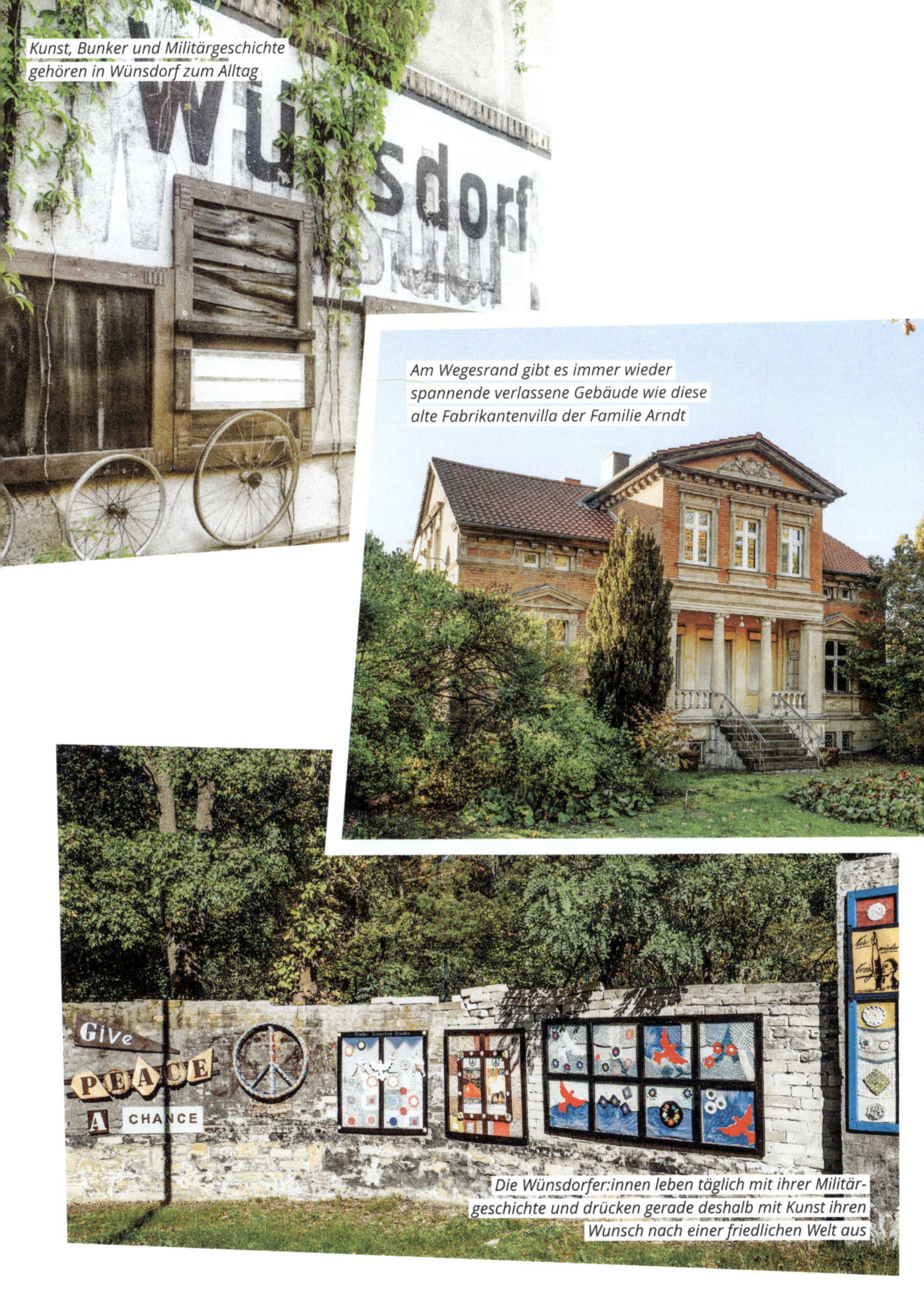

Kunst, Bunker und Militärgeschichte gehören in Wünsdorf zum Alltag

Am Wegesrand gibt es immer wieder spannende verlassene Gebäude wie diese alte Fabrikantenvilla der Familie Arndt

Die Wünsdorfer:innen leben täglich mit ihrer Militärgeschichte und drücken gerade deshalb mit Kunst ihren Wunsch nach einer friedlichen Welt aus

RADELN & GENIEßEN

»START
Bahnhof Zossen

Vor dem Bahnhof die Bahnhofstraße nach Süden fahren. Nach Überquerung des Nottekanals links in den Weg Am Stadtpark. Geradeaus geht es nun auf einen Hügel zur alten Burg Zossen.

KM 1

Schlosspark Zossen

1 In alte Geschichten schauen

Es ist nicht viel übrig geblieben von der ehemaligen Grenzfeste der Meißnischen Markgrafen gegen die Askanier, doch die überwachsenen Mauerreste mitten im Schlosspark haben ihren Charme. Vielleicht werden sie genau deshalb auf dem alten Burgwall erhalten, auf dem man die Steine anfassen und sich vorstellen kann, wie auf diesem Hügel einst vor sehr viel früherer Zeit eine slawische Burg gethront hat. Das Schloss Zossen hinter dem Park gleicht eher einem Gutshaus, und wie bei so vielen vernachlässigten, tollen Gebäuden möchte man am liebsten gleich einziehen und mit dem Renovieren anfangen.

Weiter geht's ein Stück zurück am gelb angestrichenen Fachwerkhaus (heute das empfehlenswerte Galeriecafé Lötz) und an der Kirche vorbei zum Marktplatz und geradeaus in die Baruther Straße. Am Ende links auf Am Kiez und gleich rechts auf die Straße der Jugend. Jetzt für zwei Kilometer in die Pedale treten, beim Schild Kläranlage in die Gerlachshof einbiegen und bis zur Kläranlage fahren.

Lost Place neben Alltag: Die Spitzbunker stehen in Wünsdorf direkt neben den Wohnhäusern

Schon die Slawen haben vor über 1000 Jahren an dieser Stelle eine Burganlage errichtet

Im Bücherstall darf man in den alten Werken schmökern, so lange man möchte

KM 4

Spitzbunker

Gruseln und Staunen

Man muss schon etwas suchen: Der erste Spitzbunker ist hoch und zugewachsen, also einfach ein paar Schritte zurückgehen und nach oben schauen, da lugt die riesige Spitze über den Bäumen hervor. Zuerst wirkt alles noch harmlos. Ein paar verlassene Häuser, ein Spitzbunker dazwischen. Weiter ins Wohngebiet hinein (einfach den Rundgang-Schildern folgen) werden die Ansichten immer skurriler. Die Wohnungen sind saniert oder gar neu gebaut, und direkt davor und dazwischen stehen die bestimmt 15 Meter hohen Spitzbunker, Überbleibsel aus dem Zweiten Weltkrieg. Hinweistafeln auf dem Rundgang erzählen Geschichten dazu, und manch Bunker liegt zerstört und zusammengesunken neben den parkenden Autos.

Vom Spitzbunker gegenüber der Kläranlage geht's quer über die Wiese ein Stück zurück, dann in die Straße Am Kastanienplatz nach Süden einbiegen.

Haus Oskar

Zwischen Bunkern in Büchern schmökern

Wer sich für die Geschichte des Ortes und die weiteren unterirdischen Bunker interessiert, macht am Haus Oskar halt. Im Innern befinden sich die Information und das erste von mehreren Antiquariaten. Die Menschen hier leben gerne mit der Geschichte Wünsdorfs und haben außerdem ein Faible für alte Bücher. Über 350 000 sollen es sein, die in mehreren Läden verkauft werden. So entstand auch die Bezeichnung des Ortsteils als Bücher- und Bunkerstadt Wünsdorf. Spontane Bunkerführungen sind übrigens meist nicht möglich, deshalb besser vorher reservieren (www.buecherstadt.com). Das schönste Antiquariat findet sich nebenan im Bücherstall in der Gutenbergstraße.

Die große Straße der Jugend weiter nach Süden fahren. In Wünsdorf Waldstadt in die Hauptallee einbiegen.

In den Antiquariaten findet man so manchen alten Schatz

Der ehemals militärische Teil Wünsdorfs ist nur geführt zu besichtigen. Durch die Zäune gibt's aber manch spannenden Einblick

KM 10

Wünsdorf Waldstadt

Durch den Zaun in die verbotene Stadt luschern

Zwar kann man ohne Führung weder das berühmte Haus der Offiziere noch die riesige Lenin-Figur in Augenschein nehmen, doch beidseits der Hauptallee sind durch und über den Zaun viele Blicke auf Wohnkomplexe der einst streng geheimen Sperrzone zu erhaschen. Der kurze Schlenker lohnt sich, um die Größe eines der wichtigsten und größten Garnisonsstandorte des Ostblocks zu erfassen und das Lost-Place-Flair ein wenig zu fühlen, das hier so ganz anders ist als in der Bücher- und Bunkerstadt. Es gibt mehrere Anbieter von Führungen, sehr empfehlenswert sind die vorab buchbaren Foto-Führungen von Go2know (www.go2know.de).

Die Hauptallee wieder zurück und nach links weiter auf der Chausseestraße bis Klausdorf. Hier gibt es keinen Radweg, die Straße ist jedoch weniger befahren. In Klausdorf rechts in die Zossener Straße. Vor der Villa Arndt rechts in den Gipsweg und noch einmal rechts in die Bahnhofstraße.

KM 19

Bahnhof Rehagen

DDR-Charme auf verlassenem Bahnhof

Auffällig steht das riesige hübsche Bahnhofsgebäude aus Backstein hinter den stillgelegten Gleisen. Davor stehen sie, die alten DDR-Waggons, die extra hergeschafft und bis vor einiger Zeit als Schlafwagenhotel mit herrlichem Retro-Schick dienten. Die Besitzer gaben Hotel sowie die Gaststätte im Bahnhof auf und suchen übrigens auch heute noch mögliche Nachfolger. Wer traut sich? Einmal Fahrrad abstellen und entlang der Schienen zu den Waggons laufen, aber bitte dabei vor den Draisinen in acht nehmen, die hier vom Erlebnisbahnhof Zossen entlangfahren, eine echte Gaudi übrigens. Der Schriftzug „Le Bourget" auf der Brücke über den Gleisen ist ein Überbleibsel von Dreharbeiten zum Film „Monuments Men", auch George Clooney hat also hier schon gestanden.

Hinter dem Bahnhof rechts in die Chausseestraße und nun immer geradeaus nach Norden. Am Erlebnisbahnhof geht es über die Gleise rechts in die Bahnhofsallee. Wer Lust auf Fisch hat, fährt ein paar hundert Meter geradeaus und landet im Fischhof. Vor dem Nottekanal links entlang am Kanal und alten Gleisen Richtung Norden zurück nach Zossen. Nach der Gleisüberquerung liegt links ein riesiger, alter Kaltschachtofen. Dahinter links in die Bahnhofstraße einbiegen. Zum Gasthof Reuner zwei Kilometer geradeaus die Stubenrauchstraße entlang.

Die alten DDR-Waggons dienten einige Zeit als Schlafwagen-Hotel

EXTRA INFOS:

Im auffallend gelb angestrichenen Fachwerkhaus, dem ehemaligen Schulgebäude in Zossen, befindet sich das ● **Galerie Café Lötz** mit leckerstem Kuchen. Nicht zu verwechseln mit dem ebenfalls sehr empfehlenswerten ● **Café Lötz** in der Berliner Allee 48 (Infos zu beiden Cafés unter www.cafeimwalde.de).

Das ● **Strandbad in Wünsdorf** bietet sich für eine Pause am Sandstrand an. Der ● **Rastplatz** an der Spielwiese am Mellensee hat ein Beachvolleyballfeld und Sitzbänke, aber nur kleine Badestellen.

Im ● **Fischhof am Mellensee** (www.fischhof-mellensee.de) kann man ein Fischbrötchen oder lecker geräucherten Fisch zum Mitnehmen kaufen oder sich ins Restaurant setzen.

KM 30

6 Gasthof Reuner

Regional schlemmen

KM 31 » ZIEL

Bahnhof Dabendorf

Das Restaurant im Flair Hotel Reuner (www.hotel-reuner.de) räumt regelmäßig Preise für Hotel und Gastronomie ab. Kein Wunder, denn die Speisen werden nicht nur sehr sorgfältig zubereitet, sondern das Gemüse und viele Kräuter wachsen auch gleich hinter dem Hotel auf den Feldern. Regional, saisonal und traditionell gepaart mit moderner Küche, das ist das Motto von Gastwirt Reuner, und diese Kombination schmeckt hervorragend. Da wäre es viel zu schade, nur einen Kuchen zu bestellen.

Zum Bahnhof Dabendorf geht es ein Stück zurück und rechts in die Brandenburger Straße hinein.

Regional und saisonal ist das Motto der Küche des preisgekrönten Flair Hotel Reuner

AUF EINEN BLICK

- **Start:** Bahnhof Zossen
- **Ziel:** Bahnhof Dabendorf
- **Strecke/reine Radelzeit:** 31 km (Streckentour), 2 Std.
- **Höhenmeter:** ↗ 20 m, ↘ 21 m
- **Wegbeschaffenheit:** Meist geteerter, gepflasterter Weg oder Kiesweg, kurz Kopfsteinpflaster und Waldboden.
- **Beste Zeit:** Ganzjährig, aber auf Öffnungszeiten von Haus Oskar und Museen in Wünsdorf achten. Die mit Wein bewachsenen Spitzbunker sehen im Herbst besonders toll aus.
- **Mitnehmen:** Kamera nicht vergessen, die Tour muss auf Bildern festgehalten werden!

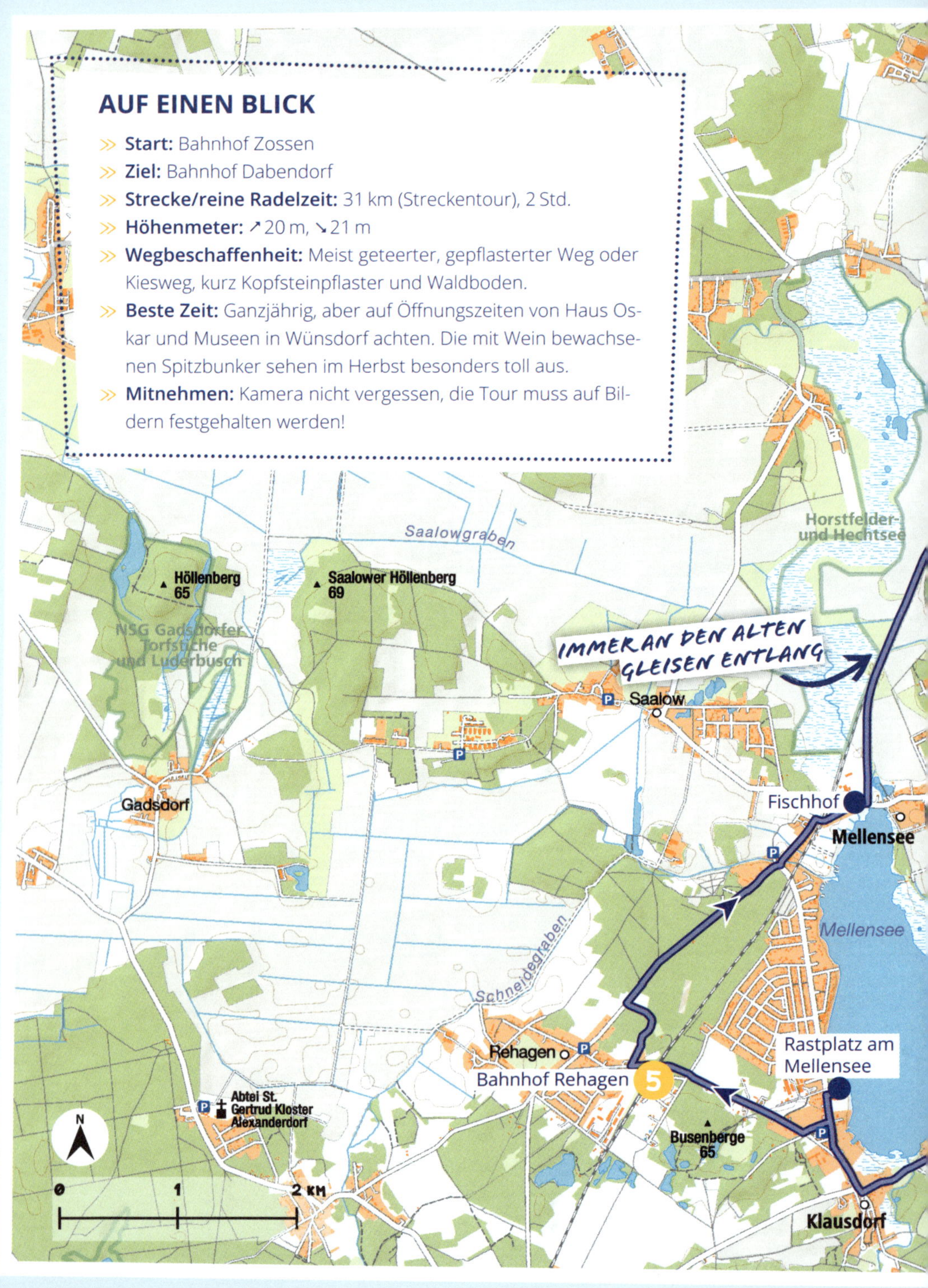

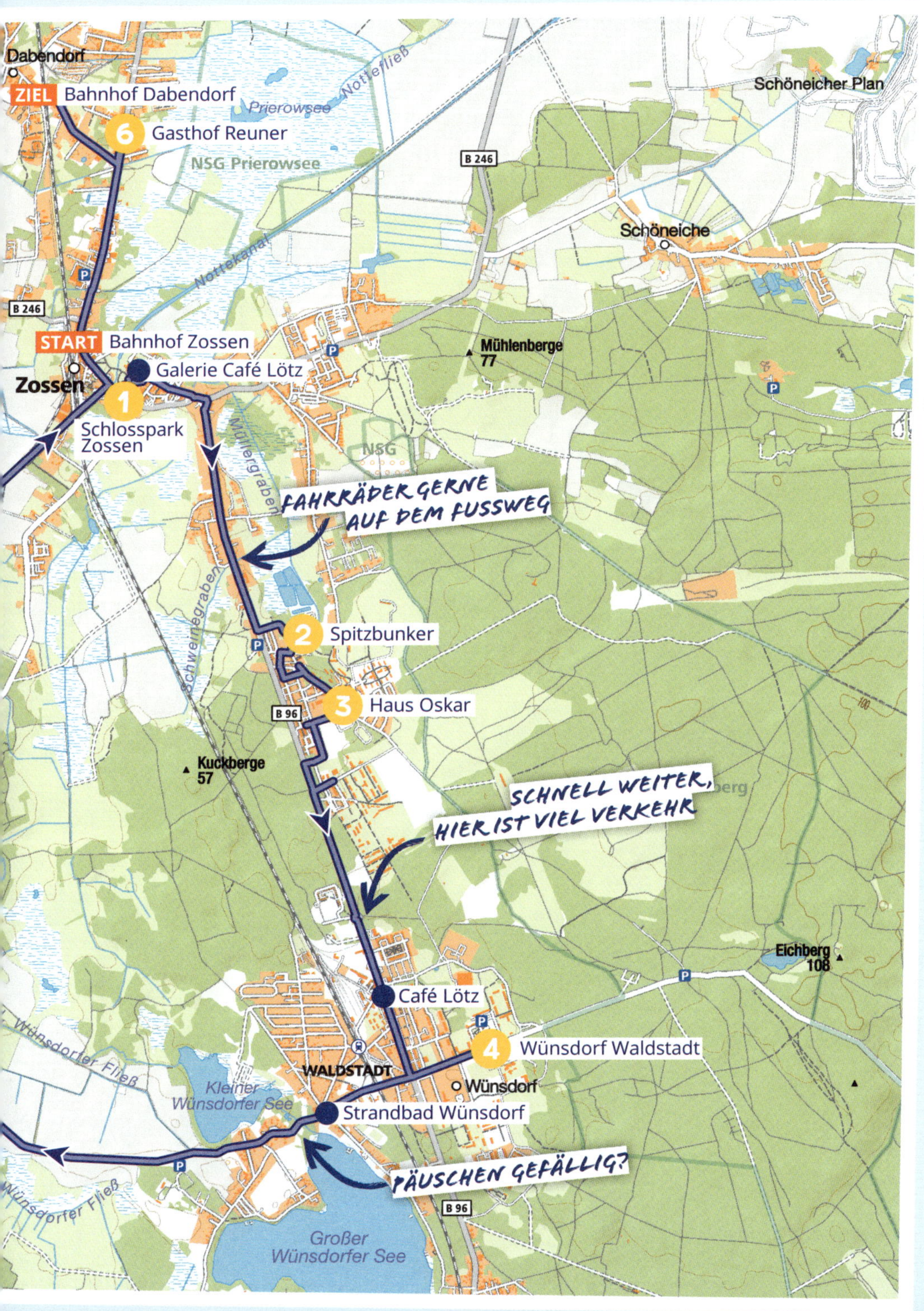
Dabendorf
ZIEL Bahnhof Dabendorf
Prierowsee
Nottefließ
6 Gasthof Reuner
NSG Prierowsee
B 246
Schöneicher Plan
Schöneiche
Nottekanal
B 246
START Bahnhof Zossen
Galerie Café Lötz
Mühlenberge 77
Zossen
1 Schlosspark Zossen
Mühlengraben
NSG
FAHRRÄDER GERNE AUF DEM FUSSWEG
Schweinegraben
2 Spitzbunker
3 Haus Oskar
B 96
Kuckberge 57
SCHNELL WEITER, HIER IST VIEL VERKEHR
Eichberg 108
Café Lötz
4 Wünsdorf Waldstadt
Wünsdorfer Fließ
WALDSTADT
Wünsdorf
Kleiner Wünsdorfer See
Strandbad Wünsdorf
PÄUSCHEN GEFÄLLIG?
Wünsdorfer Fließ
B 96
Großer Wünsdorfer See

DIE RADELPAUSEN

» START
Bahnhof Lübbenau

KM 2
1 Hafen Lübbenau
Den Kähnen nachschauen

KM 4
2 Dorf Lehde
Eine Runde durchs schönste Spreewald-Dorf

KM 13
3 Burger Hofbrennerei
Bei den Sagengeistern

20 ALLES FLIESST

Im Spreewald

Nein, nicht alles fließt im Spreewald, manches wandert auch, anderes rollt. Was viele nicht wissen: Das ganz besondere UNESCO-Biosphärenreservat eignet sich nicht nur hervorragend zum Kajakfahren, sondern auch zum Radeln.

WITAJŚO!

So heißt es im Spreewald, wenn traditionell auf niedersorbisch gegrüßt wird: »Willkommen!«. Obwohl nur eine Bahnstunde von Berlin entfernt, ist die wendische Kultur hier sehr präsent. Die Bahnhöfe begrüßen zweisprachig, und verschiedene Straßenschilder erinnern daran, dass die niedersorbische/wendische Sprache nach wie vor gesprochen wird – wenn auch nur noch von sehr wenigen Leuten. Die traditionellen Feste allerdings werden von vielen sehr gerne begangen, sogar in den alten Trachten, die im Spreewaldmuseum in Lübbenau bewundert werden können.

Am besten lernt man den Spreewald in gemächlichem Tempo kennen, ein Auto ist ohnehin unpraktisch, denn die Dörfer sind nach den Fließen – wie die Wasserkanäle genannt werden – ausgerichtet, Straßen kamen erst deutlich später dazu. Die teils kleinen Wege lassen sich daher wunderbar mit dem Fahrrad erschließen.

DER SCHÖNSTE MOMENT: DIE ZAUBERHAFTEN BAUERNGÄRTEN UND ALTEN HOLZHÄUSER LASSEN DAS RICHTIGE SPREEWALDGEFÜHL AUFKOMMEN

Einfach draufloszuradeln, könnte im Spreewald allerdings zu einer Nervenprobe werden, denn über die zahlreichen kleinen Fließe gibt es dementsprechend zahlreiche Brücken. Zudem sind einige Ecken in der Hochsaison so beliebt, dass sich die Leute fast stapeln. Die Strecke führt daher auch abseits der Hotspots zu den unbekannteren schönen Stellen im Biosphärenreservat. Optimalerweise unternimmt man diese Tour dennoch in der Nebensaison. Dann radelt es sich herrlich entspannt über die Dörfer, in denen noch heute jede Menge alte reetgedeckte Blockbohlenhäuser stehen. Viel vom typischen früheren Leben der Niedersorben lässt sich vor allem in Lehde entdecken. Nicht nur das empfehlenswerte Freilandmuseum entführt in die Vergangenheit, auch rundherum scheint die Zeit ein bisschen stehengeblieben zu sein. Als Herz des Spreewalds ist Lehde gut besucht, und so bietet es sich an, die Entdeckungsrunde zu Fuß zu erledigen.

Noch heute spielt sich in der Region viel auf und am Wasser ab. Wer den Spreewald durchdringen will, bleibt daher am besten gleich übers Wochenende und steigt am zweiten Tag ins Kajak oder in den Kahn um. «

RADELN & GENIEẞEN

Die Kähne werden mit Rudeln gestakt, ganz ohne Motor. Eine Kahnfahrt ist daher herrlich leise und entspannt

Bahnhof Lübbenau

Über die Poststraße gegenüber vom Bahnhof geht's geradeaus in die Innenstadt. An der Nikolaikirche rechts in die Ehm-Welk-Straße bis zum Eingang zum Schlossbezirk. Rechts in die Dammstraße, nach 150 Metern liegt links der Hafen.

KM 2

1 Hafen Lübbenau

Den Kähnen nachschauen

Der Kahn ist noch heute das typische (touristische) Fortbewegungsmittel und im Spreewald allgegenwärtig

In Lübbenau befindet sich der größte Hafen des Spreewaldes (www.grosser-kahnhafen.de), entsprechend trubelig geht es in der Hochsaison zu. Kahnführer:innen warten in ihren Booten auf Kundschaft, Urlaubsgäste flanieren an den Gurkenständen vorbei, und gegenüber liegt das hübsche Schloss Lübbenau mit Marstall und Orangerie (www.schloss-luebbenau.de). Wer nicht nur gucken will und etwas Zeit mitbringt, kann von hier eine kurze und sehr hübsche Kahnfahrt nach Lehde und zurück unternehmen, verbringt dort die nächste Pause und fährt anschließend direkt nach Leipe durch.

Zurück an der Dammstraße biegt man nach weiteren 100 Metern links in den Leiper Weg ein. Nach einer Rechtskurve wird dieser zum bequemen Kiesweg, der nun immer geradeaus führt. Nach etwas über einem Kilometer zweigt links der Weg Richtung Lehde ab. Hier muss eine erste Treppe überwunden werden, an der Hilfsschienen angebracht sind. Falls das Fahrrad nicht getragen werden kann, einfach anschließen, es sind nur noch rund 300 Meter am schwarzen Logierhaus vorbei in den Ort hinein.

KM 4

2

Dorf Lehde

Eine Runde durchs schönste Spreewald-Dorf

Wer in den Spreewald fährt, sollte einmal in Lehde gewesen sein: Zauberhaft chaotisch reihen sich reetgedeckte Häuschen mit den typischen Schlangensymbolen auf den Dachgiebeln aneinander, und direkt am Hafen befindet sich mit dem Restaurant Zum fröhlichen Hecht eines der ältesten Lokale des Spreewaldes. »Es ist die Lagunenstadt in Taschenformat, ein Venedig, wie es vor 1500 Jahren gewesen sein mag, als die ersten Fischerfamilien auf seinen Sumpfeilanden Schutz suchten«, schrieb Theodor Fontane über seinen Besuch in Lehde. Um den Spreewald von einst kennen zu lernen, läuft man vom großen Brückenkreuz direkt ins Freilandmuseum Lehde, wo vier originale Bauerngehöfte aus dem 19. Jahrhundert wieder aufgebaut wurden. Bauerngärten, altes Mobiliar und Wäsche auf der Leine präsentieren anschaulich das Spreewaldleben von damals – herrlich!

Zurück auf dem Leiper Weg geht es rund vier Kilometer nach Leipe. Der Leiper Dorfstraße folgen, die zur Hauptspree und an der Dubkow-Mühle vorbeiführt und zur Straße Erste Kolonie wird. Hier beginnt die Streusiedlung Burg im Spreewald. Nach einer größeren Kreuzung geht's nach links in die Schwarze Ecke; diesem Weg bis zur nächsten Kreuzung folgen.

Besonders in Lehde finden sich noch heute einige der alten und spreewald-typischen Blockbohlenhäuser

KM 13

Burger Hofbrennerei

Bei den Sagengeistern

Auch wer keine Lust auf Hochprozentiges hat, sollte sich diesen Abstecher nicht entgehen lassen: In der Schwarzen Ecke stehen noch viele alte Bauerngehöfte und Blockbohlenhäuser. Das Blockhaus der kleinsten Brennerei Brandenburgs wurde vom Besitzer selbst neu aufgebaut und bietet bei Kaffee und Kuchen sonnige Sitzplätze im Garten. Die Liköre sind nach Sagengestalten des Spreewaldes benannt, daher nennt sich die Hofbrennerei auch Die Sagengeister (www.sagengeister.de). Der Single Malt Whisky erinnert mit seinem Namen Der Kolonist an die Entstehung von Burg Kolonie und ist ein wunderbares Mitbringsel für Zuhause. Sollte gerade geschlossen sein, darf man klingeln, um einen Blick in Verkaufsraum und Destille zu werfen und ein oder zwei Liköre einzukaufen.

Weiter geht's entlang der Schwarzen Ecke nach Osten auf die Ringchaussee. Diese macht nach Überquerung der Spree einen scharfen Knick nach links. Geradeaus in die Bahnhofstraße, dann nach rechts in die Kurparkstraße.

Die Burger Hofbrennerei ist vermutlich die kleinste – offizielle – Brennerei ganz Brandenburgs

Die Sagengeschichten des Spreewaldes sind berühmt und berüchtigt. Einige der Märchenfiguren lassen sich im Sagenpark entdecken

KM 17

4 Kräutermühle Burg

Regionale Verkostung

In dem einer Mühle nachempfundenen Restaurant Kräutermühle Burg (kraeutermuehlenhof.de) trifft traditionelle Landhausküche auf ausgefeilte Speisen mit regionalen Zutaten. Die spreewaldtypische Plinse wird immer gerne gegessen, ein Hefeteig, der ähnlich wie Eierkuchen schmeckt und in verschiedensten Variationen angeboten wird. Ebenso empfehlenswert ist die kalte Gurkensuppe oder das Zanderfilet in Apfel-Meerrettichsoße. Im verwinkelten Gebäude sitzt man sehr gemütlich zwischen Holzbalken und auf Emporen, oder man nimmt einfach draußen im schönen Garten Platz. Die Kräutermühle befindet sich direkt neben dem Kur- und Sagenpark, in dem auf einem kleinen Spaziergang Sagenfiguren aus dem Spreewald entdeckt werden können.

Zurück auf die Bahnhofstraße und nach links in die Zweite Kolonie. Am Ende rechts in die Naundorfer Straße, dann links in die Erste Kolonie, die im Zickzack gen Süden bis zur Straße am Stradower Grenzgraben führt. Dieser folgen, bis links die Stradower Teiche liegen.

Täuschend echt: Die Kräutermühle ist nur ein Nachbau, dafür drinnen umso gemütlicher

Die Stradower Teiche werden von Touristinnen und Touristen gerne links liegen gelassen …

KM 26

5

Stradower Teiche

Pause zwischen Fischadlern

Seit über 100 Jahren existieren die Stradower Teiche als Fischzuchtgewässer, die im Spreewald Tradition haben. Gefischt wird hier immer noch, vor allem aber hat sich das Areal zu einem kleinen Biotop für diverse Vogelarten entwickelt. Eventuell erwischt man einen Fischadler beim Jagen oder kann Einheimischen ein Gespräch über die Natur des Spreewaldes entlocken, der sich in den letzten Jahrzehnten im Spannungsfeld zwischen Feld- und Viehwirtschaft, den nahegelegenen Tagebauen und den Auflagen des Biosphärenreservates befindet. Oder man macht einfach eine Pause und genießt die Ruhe zwischen den Teichen.

… umso schöner lässt es sich hier in Ruhe radeln

Zurück an der Kreuzung zur Ersten Kolonie nach links auf den Weg Ausbau einbiegen und ihm entlang des Vetschauer Mühlenfließes und Kossateiches folgen. Die letzten Meter geradeaus geht es auf dem Trampelpfad entlang des Fließes weiter. Wer lieber festem Weg folgt, biegt links und am Ende des Weges rechts ab. Hinter der Brücke über dem Südumfluter steht die Radduscher Buschmühle.

KM 31

6 Mühle Raddusch

Foto-Zeit!

Leider hat sie nur noch selten geöffnet, doch auch schon von außen ist sie eine Pracht: Die alte Korn- und Ölmühle (www.radduscher-buschmuehle.de) wurde aufwendig restauriert. Der Hausherr hat das Riesenprojekt in Eigenregie gestemmt. Manchmal wird im Garten leckerer Kuchen und Kaffee angeboten. Ob offen oder geschlossen: Die Radduscher Buschmühle ist eines der Lieblings-Fotomotive im Spreewald. Besonders hübsch als Fotovordergrund macht sich die große Magnolie während ihrer Blüte im Frühjahr. Der Fluss ist übrigens der große Südumfluter, einer der Gräben, die den Spreewald heute vor Überschwemmungen schützen.

Die Straße nach Süden nehmen und eventuell noch kurz am Hafen Raddusch Halt machen. Immer geradeaus geht es mit einem Rechtsknick auf der Bahnhofstraße zum Bahnhof.

Die sehenswerte Mühle Raddusch lässt die Schönheit alter Spreewaldmühlen erahnen. Sie ist eine der letzten restaurierten Mühlen der Region

EXTRA INFOS:

Der ● **Spreewaldhof Leipe** (spreewaldhof-leipe.de) verfügt über einen wunderbaren Biergarten und das gemütliche Restaurant Fischerstübchen. Außerdem können Kajaks ausgeliehen werden, und es gibt verschiedene Unterkünfte von hübschen Zimmern bis zum günstigen und witzigen Bauwagen.

Das zauberhafte ● **Töpferstübchen Möbert** (www.keramik-moebert.de) in Burg ist absolut sehenswert, von außen wie innen, und schöne Töpferware wird auch verkauft.

Die ● **Slawenburg Raddusch** ist gut vom Bahnhof aus zu erreichen und ein Nachbau einer echten Slawenburg, deren Überreste man an Ort und Stelle fand.

KM 33 » ZIEL

Bahnhof Raddusch

Lübbenau/Spreewald
1 Hafen Lübbenau
START
Bahnhof Lübbenau
Stottoff
Ausbau
Lehde
2 Dorf Lehde
QUER DURCH DEN WALD
Spreewaldhof
Leipe
AUF FELDWEGEN
Radduscher Buschmühle 6
Bahnhof Raddusch ZIEL
Raddusch
Slawenburg Raddusch
Bischdorfer See
Kahnsdorfer See
Redlitzer See
Redlitz
Groß Klessow
Groß Lübbenau
Scheddis
Boblitz
Quellgebiet
Schwarzer Berg 64
A 15
Görlitz
Lübbenauer Bürgerwald
Koale-Busch
Innerer Oberspreewald - Nutšikowne Górne Błota
Wotschofska - Wótšowska
Husche-Busch
Großes Gehege
Schappick
Großes Fließ
Brandkanal
Burg-Lübbener Kanal
Rohrkanal
Bürgerfließ
Spree / Kaupchmitna
II. Freiheitskanal
I. Freiheitskanal
Untere Boblitzer Kahnfahrt
Kreploa
Südumfluter
Seeser Fließ
Lübbenau/Spreewald Lubnjow/Błota
Dobra
N
0
1
2 KM

AUF EINEN BLICK

- **Start:** Bahnhof Lübbenau
- **Ziel:** Bahnhof Raddusch
- **Strecke/reine Radelzeit:** 33 km (Streckentour), 2 Std. 30
- **Höhenmeter:** ↗13 m, ↘5 m
- **Wegbeschaffenheit:** Asphaltierte Straße oder Kiesweg.
- **Beste Zeit:** Frühling oder Herbst.
- **Mitnehmen:** Etwas mehr Bargeld, da im Spreewald sowohl in vielen Restaurants als auch für alle Kahnfahrten und in kleinen Verkaufsläden keine Karten akzeptiert werden.

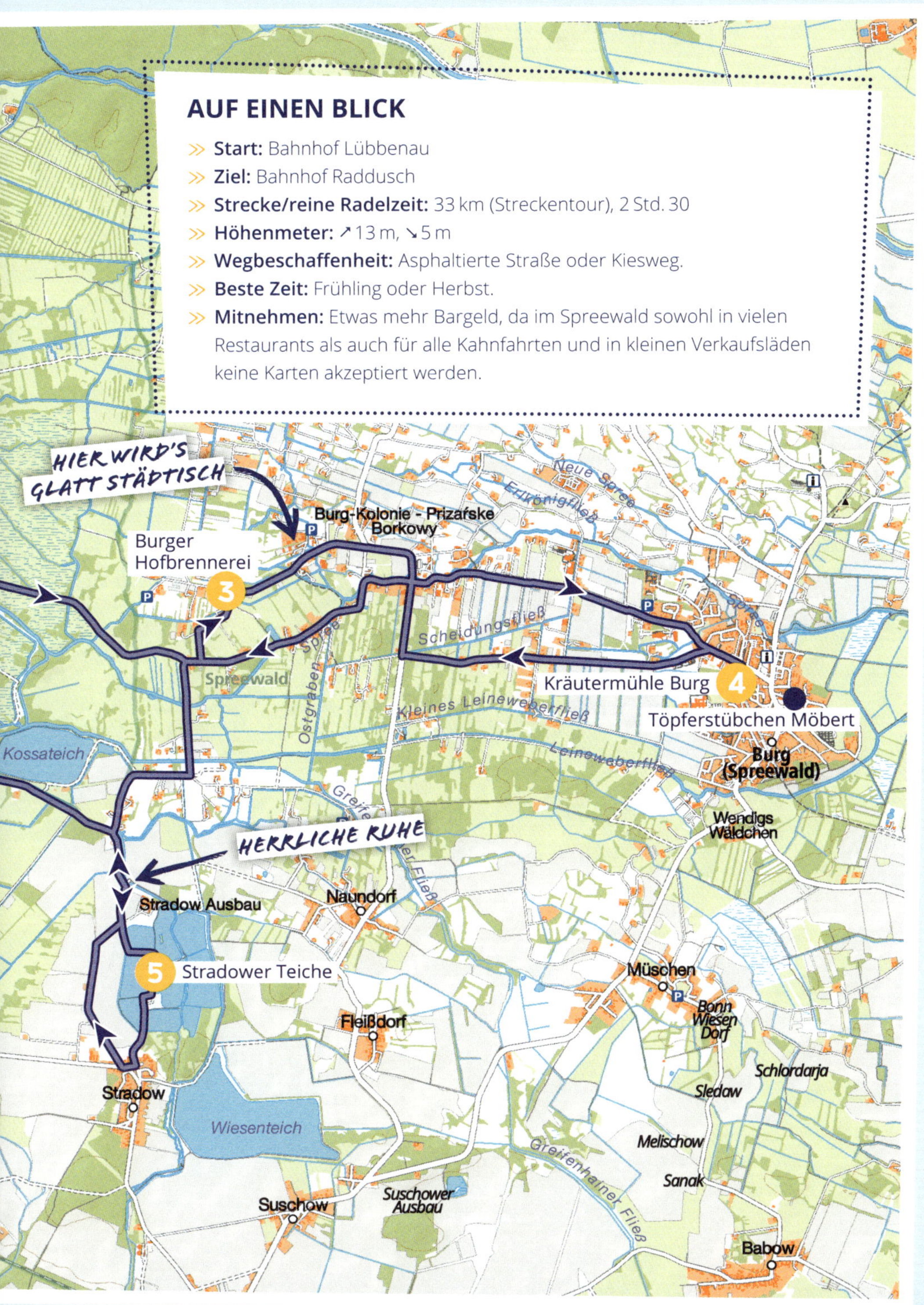

AUCH NOCH GANZ NÜTZLICH

ORTSREGISTER

IMPRESSUM

- **Text:**
  Inka Chall
- **Cover- und Buchgestaltung:**
  Carolin Weidemann, Köln, www.weidemann-design.com
- **Lektorat & Produktion:**
  Verlagsbüro Wais & Partner, Stuttgart, www.wais-und-partner.de
- **Fotos:**
  Titelfoto: Mo Photography Berlin/Shutterstock; Fotos Innenteil: Inka Chall mit Ausnahme von Foto S. 2: Laura Kießling.
- **Kartografie:**
  ©KOMPASS-Karten GmbH, kompass.de unter Verwendung von ©OpenStreetMap Contributors, osm.org/copyright
- **S. 222 / 223:**
  Marie Geißler (Illustration), Jens Bey (Text)

Printed in Poland

1. Auflage 2023

ISBN 978-3-616-03196-5

www.dumontreise.de

RECHTS ODER LINKS? IMMER WISSEN, WO'S LANGGEHT!

» TOURENVERLAUF
GPX-Daten zum kostenlosen Download
www.dumontreise.de/radelzeit/berlin

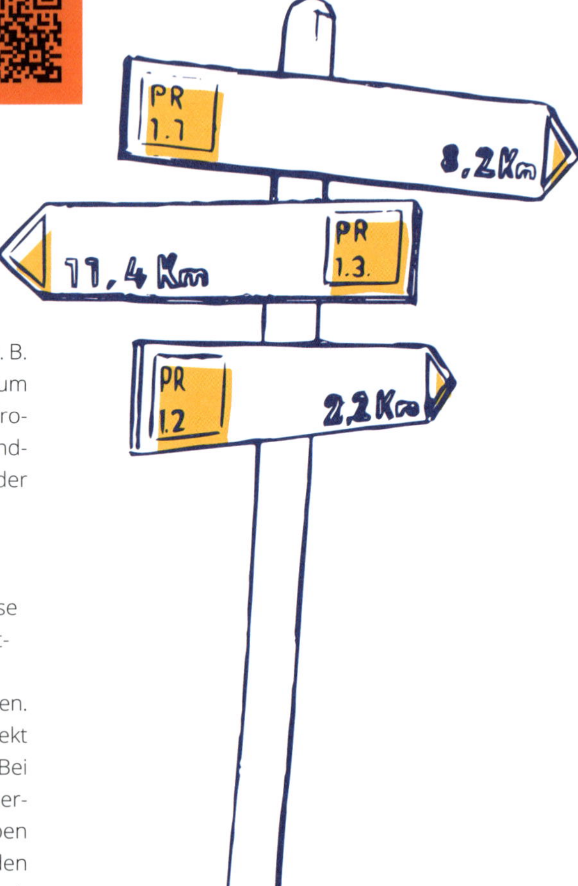

GPX-DOWNLOAD AUFS SMARTPHONE – SO GEHT'S

» **Voraussetzung:**
Eine Outdoor-App muss installiert sein, z. B. KOMPASS, Outdooractive oder Komoot. Zum Einlesen des QR-Codes benötigen ältere Android-Geräte eine QR-Code-App. Bei neueren Android- und iOS-Geräten ist diese Funktion in der Kamera integriert.

» **Daten downloaden:**

1. Den QR-Code einlesen oder die Webadresse im Browser eingeben, um auf die Radelzeit-Website zu gelangen.
2. Die gewünschte Tour zum Download anklicken.
3. Bei iOS-Geräten werden die GPX-Daten direkt mit der vorab installierten App verknüpft. Bei Android-Geräten muss ggf. noch eine Weiterleiten-Button geklickt werden (z. B. oben rechts im Display). Manche Apps zeigen den Tourverlauf starr an, andere haben eine Navigationsfunktion dabei.

WEITERRADELN ...

ISBN 978-3-616-03197-2

ISBN 978-3-616-03195-8

ISBN 978-3-616-03194-1

ISBN 978-3-616-03191-0

ISBN 978-3-616-03189-7

ISBN 978-3-616-03199-6

ISBN 978-3-616-03192-7

ISBN 978-3-616-03198-9

Noch mehr Radelinspiration gibt's im gut sortierten Buchhandel und unter www.dumontreise.de

YOGA FÜR DAVOR UND DANACH

SCHMETTERLING

» Setze dich auf den Boden und lege die Unterseiten deiner Füße aneinander, indem du die Knie nach außen fallen lässt. Nun langsam, ohne viel Kraft, nach vorne lehnen und die Füße mit den Händen umschließen. Entspannt drei Minuten in der Position bleiben, langsam und tief durch die Nase ein- und ausatmen. Um die Übung zu verlassen, die Hände neben bzw. hinter den Körper legen, langsam ein Bein nach dem anderen ausstrecken und nach vorne bringen.

HÖR AUF DEIN HERZ

» Lege dich rücklings auf den Boden, ziehe die Knie an und stelle die Füße flach auf den Boden. Lass jetzt die Knie zur Seite fallen und bring die Fußsohlen zusammen. Lege eine Hand auf deinen Bauch und eine Hand in die Nähe deines Herzens. Schließe deine Augen, atme tief ein und aus und halte die Position mindestens 30 Sekunden lang.

KATZENBUCKEL

» Gehe auf alle viere, die Knie direkt unter der Hüfte. Handgelenke, Ellenbogen und Schultern liegen auf einer geraden Linie, die Arme sind gestreckt, der Kopf in Verlängerung des Rückens mit Blick nach unten. Mache mit dem Ausatmen den Rücken rund, der Kopf geht Richtung Boden, wird aber nicht auf die Brust gepresst. Während des Einatmens wandert dein Bauchnabel in Richtung Boden, hebe gleichzeitig den Kopf. Wiederhole die Übung mehrmals.

ZURÜCKGELEHNT

» Knie dich auf den Boden, mit den Oberseiten deiner Füße auf dem Boden. Bring die Knie zusammen, dein Gesäß geht langsam zum Boden, deine Füße rutschen zur Seite und kommen neben deinen Hüften zu liegen. Schiebe mit den Händen deine Oberschenkel nach innen, lehne dich zurück auf deine Unterarme und lege den Oberkörper langsam ab. Halte die Position für mindestens 30 Sekunden.

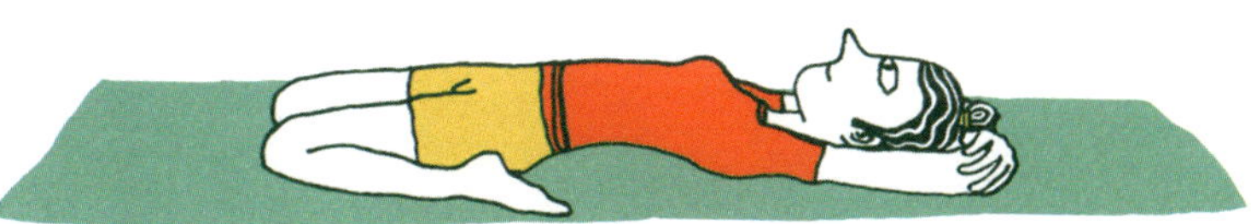

DIE PERFEKTE TOUR ...

#FÜR SONNENHUNGRIGE

Durch Feld und Wiese am See entlang zur Promenade – auf dieser Tour locken unzählige Möglichkeiten, das Gesicht in die Sonne zu strecken.

» **TOUR 15, S. 154**

#FÜR NEUGIERIGE

Zwischen Stahnsdorf und Potsdam warten jede Menge spannende Ecken mit Filmgeschichte, die garantiert einige Überraschungen bereithalten!

» **TOUR 4, S. 44**

#FÜR WASSERRATTEN

Im Grunewald an Havel und Wannsee entlang lassen sich nicht nur Geschichten und Legenden entdecken, sondern auch unzählige Badestellen. Wasser marsch!

» **TOUR 3, S. 34**

#FÜR LECKERMÄULER

Obst, leckerer Wein, zwischendurch ein Fischbrötchen und zum Abschluss unbedingt in ein Inselrestaurant – so bleiben rund um Werder keine Genusswünsche offen.

» **TOUR 6, S. 64**

#FÜR FAULE

Mitten in der Stadt ist eine Abkürzung jederzeit möglich. Wer will, bleibt einfach am ersten schönen Wasserplatz hängen und lässt die Beine baumeln.

» **TOUR 5, S. 54**